改訂二版

入門 金融経済

―通貨と金融の基礎理論と制度―

松本　朗　著

駿河台出版社

はじめに

　2007年夏に騒がれ始めたサブプライムローン問題は、世界的な経済恐慌へと広がる様相を見せている。日本でも「100年に一度の経済危機」の名の下に、首切りと賃下げが横行している。同時に、財政危機下にもかかわらず政府は、将来の消費税増税というムチをちらつかせながら、財政赤字のさらなる拡大と国債累積を覚悟しての積極予算を組んでいる。いわば、モルヒネを打ち続ける選択をしたといえよう。事態はそこまで深刻化しているといえるのかもしれない。

　金融の世界に立ち返ってみると、サブプライムローン問題が起こるまでは、金融の自由化、証券化、そしてグローバル化が進行し、それらを受け入れなければ人ではないといわんばかりの風潮が世間を席巻していた。この時流に乗るように金融工学が盛んになり、高等数学を駆使することでリスクは限りなく縮小され、人類がこれまで手に入れられなかった優良な金融商品が生み出されると信じられていた。

　思い起こせば、1998年には、市場効率仮説とブラック・シュールズ・モデルでノーベル経済学賞を受賞した学者を抱えるLTCM（ロング・ターム・キャピタル・マネージメント）が破綻をするという経験をしている。それにも関わらず、同様の論理で行われる金融取引がこれほどまでに拡大し、世界中へと広がっていったのは全く不思議である[*]。

※マイロン・ショールズは、その後、プラチナム・グローブ・コンティンジェント・マスター・ファンドを設立したが、2008年再び破綻している。（ヘッジファンドの専門紙「FINalternative」（インターネット版）による報道。「東洋経済 online」2008/11/7, http://www.toyokeizai.net/money/markett2/detail/AC/50029165f480d264bbff21a2ac78ec2f/）

この日本に住む私たちの身辺を観察してみれば、「貯蓄から投資へ」というかけ声のもと、銀行は投資信託の販売に力を入れている。間接金融機関としての銀行の役割は終焉をむかえたかのようであった。

　そんなところへ突然降りかかってきたサブプライムローン危機である。ここで状況は一変した。アメリカの投資銀行は生き残りのために預金取扱金融機関へと変身した。我が国でも、経済危機の中で銀行を資金供給機関としての役割に立ち返らせようとする雰囲気が現れ始めている。例えば、貸し渋り対策として中小企業融資を数値目標化し金融庁が監視するという事態は、その一例といえるかもしれない。

　銀行とは何か。銀行は本来何をなすべき金融機関なのか。資本主義始まって以来、問われ続けてきたことが、再び、問われる日が近づいたのではないだろうか。金融肥大化、証券化の行き着いた先の経済恐慌は、銀行のレーゾンデートルは何かという課題を改めて私たちに突きつけているようである。一方で、日本銀行は1990年代後半以降異例づくしの政策展開を続けてきた。2009年、経済危機がいっそう深刻化したこの段階へ来てさらにそれに拍車がかかった感がある。「禁じ手」を繰り返す日本銀行の近年の金融政策への評価もまた、「銀行とは何か」という点から説き起こすべき問題といえるように思われる。

　本書は、貨幣信用論、金融論などの講義を受ける学生を対象に書き下ろしたテキストである。大学でこの種の講義を担当してからすでに一定の歳月を費やしてきた。最近の大学生はノートをとるという行為があまり得手ではないという印象をかねてから持っていた。学生からもテキストを指定してほしいという要望は毎度のようにある。そこで何かの機会にまとめてみたいと考え、準備していたものが本書である。

　本書は、学部学生として学ぶべき基本的な内容を書いたつもりである。しかし、一般社会人の方々にもふさわしい内容だと自負している。本書はあくまで基本的な内容に限定したものであるから、本書を手に取った読者には本書をベースにしながら、これを応用して上記で述べてきたよ

うな現代の経済問題へアプローチしてほしいと考えている。

　本書の特色をいくつかあげておきたい。

　第一に、内生的貨幣供給論の立場に立った説明で一貫させている。通説的、一般的な教科書的な説明は外生的貨幣供給論が中心である。しかし、現在の状況を見れば、その立場ではすでに現状を説明できないということは明らかである。本書は、経済社会の基礎にはその社会の再生産の動きがあり、その動向が通貨を生み、通貨流通の原動力になっている、という立場に立って、金融の世界を分析しようとしている。

　第二に、基礎になっている経済理論は、現状の経済学の世界では、非主流の、異端な理論体系に属している。そうした理論体系をベースにしている以上、最低限の予備知識も必要であろう。しかし、いわゆる経済原論を一から学ばなくても対応できるように工夫したつもりである。

　第三に、近年大学の講義は多くが、半期（１セメスター）で完結するようになっている。そこで、まずは半期で講義できる内容を本書としてまとめた。金融制度の歴史や変遷、資本市場の働きや経済の証券化などの問題は、続編に譲りたい。サブタイトルの意味はそのようなことを意図してつけている。

　第四に、本書の最終章では、現在進行形の問題を取り上げた。そこで、その最後では本書をベースにして考えるべき現代経済現象の課題を提起する形で締めくくった。ゼミナールや職場の読書会などで議論の材料にしてほしい。

　本書は、なおまだ改良していく必要がある。すなわち、さらに内容を充実させ、工夫を凝らしたテキストへと昇華させる必要がある。そのためにも、読者の批判、叱咤激励を期待して待っていようと思う。ただ、本書をまとめるに当たっては筆者が所属する学会の多くの先生方、先輩、同僚からさまざまなご教示を受けた。このことを記し、感謝の意を表したい。特に、恩師である故酒井一夫、山田喜志夫、紺井博則の各先生方

からは、ひとかたならぬ学恩を受けている。基本的に本書は先生から受けた教えをベースにしている。しかし、本当の意味で教えを発展させることができたのかどうかは読者のご批判を待つ他はない。また、武蔵大学名誉教授の吉田暁先生から貴重なご批判をいただいた。先生の学会でのご報告に接し、その後学問体系を学ぶことができたのは筆者にとっては幸運であった。とはいえ、本書の内容に関する責任は筆者にあることはいうまでもない。

　最後になったが、いつもながら無理を聞いていただき本書の上梓に努力していただいた、駿河台出版社の遠藤慶一会長と井田洋二社長に御礼を申し上げたい。

　2009年3月

遠くに霞む石鎚の峰を眺めつつ

松本　朗

「改訂版」によせて

　本書は、2009年に初版が発刊された。リーマンショック後の世界的な経済危機が進行中のさなかであった。日本銀行は、2006年に通常の金利政策に戻っていたが、2008年末から再び量的緩和政策を中心とする非伝統的金融政策を採るようになった。しかも、その政策は2013年の現在も進行中であり、その内容も多様化し深化しているように見える。

　さらに、安倍自民党政権の誕生によって、政府からの日本銀行への圧力は強まり、物価目標の導入や金融緩和と物価上昇を政府に約束する「アコード」（協定）を要求されるようになった。こうした中、日銀の白川総裁は任期満了を待たずに退任し、政府の意を忠実に守るであろう黒田新日銀総裁が選ばれただけでなく、リフレ派の代表と言われる岩田規久男学習院大学教授も副総裁に指名された。

　本書は、当初からこうした量的緩和論あるいはリフレ論に批判的な内容としてまとめられている。今般、事態の進行を見極めた上で、特に第7章を全面的に見直し加筆した。したがって、今進行中の問題に接近できるようになっている。筆者としては理論的な説明を含めて全面的な見直しもしたかった。また、証券論を含む続編の脱稿も急ぎたいのであるが、なかなか時間が無い。とりあえず、現状進行している問題に対応できるように内容を変えたものである。

　読者の叱咤激励を気合いしつつ、筆を置くこととする。

2013年3月27日

立命館大学経済学部

松本　朗

目　次

はじめに

第1章　金融とは何か　―まずは通説的に考えてみよう―……1

第1節　金融とは何か … 1
第2節　直接金融と間接金融 … 2
第3節　間接金融機関の役割 … 4
第4節　直接金融機関の役割 … 5
第5節　金融取引の広がり … 7

第2章　今日のマネーとは何か　―信用貨幣の世界―……11

第1節　現代のマネー … 11
第2節　単純な商品交換の中に現れる
　　　　貨幣と信用（金融）取引 … 15
第3節　資本主義的信用取引の拡大と信用の貨幣化 … 19
第4節　銀行券の性格と通貨制度
　　　　―金本位制と管理通貨制― … 22

第3章　信用取引と経済社会 $\cdots\cdots$ 29

第1節　資本とは $\cdots$ 30
第2節　利子生み資本と資本の還流 $\cdots$ 33
第3節　利子生み資本と信用貨幣 $\cdots$ 36
第4節　個別資本からみた信用の機能 $\cdots$ 37
(1)　商業信用とその役割 $\cdots$ 38
(2)　銀行信用とその役割 $\cdots$ 40
補　論　競争と利潤率の均等化 $\cdots$ 45

第4章　銀行とは何か $\cdots\cdots$ 51

第1節　貨幣取扱資本とペイメント・システム $\cdots$ 53
第2節　マネー・サプライと利子生み資本としての銀行 $\cdots$ 59
第3節　市中銀行の準備預金と中央銀行の役割 $\cdots$ 65
補論1　貸借対照表の見方 $\cdots$ 77
補論2　通説的貨幣供給理論とその問題点 $\cdots$ 81

第5章　金融市場の役割と種類 $\cdots\cdots$ 87

第1節　銀行における資金の過不足と短期金融市場の役割 $\cdots$ 88
第2節　金融市場の種類 $\cdots$ 96

第6章 中央銀行を考える —その性格と独立性— ········ 101

第1節 中央銀行とはどのような銀行か … 101
第2節 中央銀行の独立性 … 109

第7章 金融政策とマネー・サプライ ···················· 117
—私たちが学んだ教科書とはどこか違う現実—

第1節 金融政策とは何か … 117
第2節 金融政策の目的はどのように達成されるか … 118
第3節 金融政策の手段
　　　 —教科書的説明とそれへの疑問— … 119
第4節 金融政策の実際 … 123
第5節 1990年代後半の金融政策から何を学ぶか … 129

さらに考察してみよう —今後の状況を考えるために— … 143

第1章

金融とはなにか
― まずは通説的に考えてみよう ―

第1節　金融とは何か

　日頃、「金融」という言葉を聞くと「お金の貸し借り」を頭に浮かべることだろう。これは間違いではなく、一般に「金融」は、「資金の余剰主体から資金の不足主体への資金の融通」と定義される。つまり、お金の余っている経済主体[1]がお金を必要としている経済主体へ「資金」を一時的に融通する行為を意味するとされている。

　こうした行為が起こるのは、社会的に見れば、一方でもっぱら貯蓄している経済主体が存在し、他方で、何らかの投資をしようとしている経済主体がいるからである。つまり、当面資金を使う必要がなく資金を貯めている経済主体と、資金を必要としながら投資資金が不足している経済主体とが存在すること、言い換えれば、資金の偏在があることが金融という行為を引き起こす原因だとされる。金融は、こうした資金のアンバランスを資金融通によって是正し、資金の最適配分を行う機能を果たす、というのが通説的説明である。

　資金の融通には、**貸借**という形態と**出資**という形態がある。貸借つまり資金の貸し借りが行われると、お金の出し手＝貸し手（資金の余剰主体）は債権者になり、お金の受け手＝借り手（資金の不足主体）は債務者になる。債権者は将来における貨幣の返済請求権（＝債権）をもつことになり、債務者は貨幣の支払い義務（＝債務）を負うことになる。これとは対照的に出資の場合、資金の取り手（資金の不足主体）は、資金

の出し手に将来の決った時期に返済しなければならない義務を伴う債務
は負わない。そして、資金の出し手は出資者と呼ばれる。

第2節　直接金融と間接金融

　金融（資金の融通）取引の方法は、大きく、直接金融と間接金融に分
類できる。直接金融では、資金の不足主体が発行した本源的証券[2]を資
金の余剰主体が購入することによって「資金」の融通が行われる。資金
の不足主体が資金の余剰主体から直接に資金を調達する方式であり、こ
のように呼ばれる。広い意味で見れば、資金の余剰主体と資金の不足主
体が直接的な債権債務関係を結ぶ。株式発行の場合も直接金融であり、
この場合、資金の出し手は出資者（投資家）となる。

　これに対して間接金融は、本源的証券を発行する[3]資金の不足主体と、
資金を提供する資金の余剰主体との間に金融機関が介在する金融の方式
である。仲介に立つ金融機関は資金の余剰主体に対して間接証券[4]を発
行して資金を吸収して、資金の不足主体に対して資金を貸し出す。つま
り、金融仲介機関が資金の余剰主体に対して債務を負い、資金の不足主
体に対して債権を持つのである。

　具体的に見ておこう。金融機関と言って真っ先に思い浮かぶのは、銀
行、信用金庫や信用組合、さらには保険会社や消費者金融会社なども出
てくるだろう。図1−1は、そうしたわが国の金融機関の現状を示した
ものである。この図からわかるように、金融機関は預金取扱金融機関と
その他の金融機関に分けられる。預金取扱金融機関には、銀行、信託銀
行、信用金庫、信用組合などが預金を取り扱う金融機関が含まれる。こ
のように預金を取り扱う金融機関こそ、典型的な間接金融機関といえる。
銀行などの預金取扱金融機関は、一方の手で資金不足主体に貸付を行い、
つまり債権を手に入れ、他方の手で資金余剰主体から預金を集めている
ので、つまり債務を負うので、債権債務関係をつくりながら金融仲介を
行っている。したがって、銀行などは金融仲介機関（intermediations）

第1章　金融とはなにか　3

図表1-1　わが国における金融組織の現状（2010年4月現在）

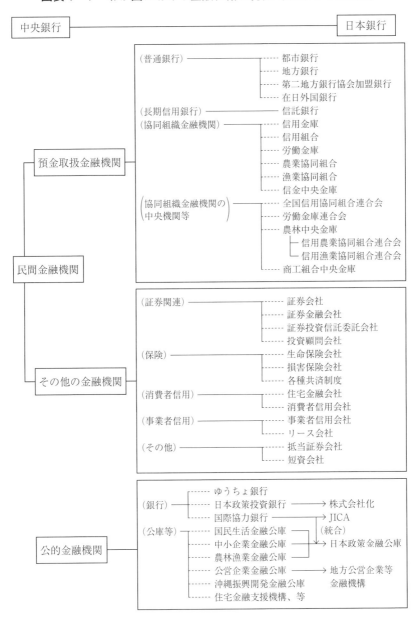

と呼ばれる。

　預金を扱わない金融機関でも、保険会社は間接金融機関である。保険会社は、加入者から掛け金という形で資金を受け入れ、それを株式などで運用して（本源的証券を購入して）、保険金や満期金（債務）の返済資金を賄っている。また、小泉首相の登場で一躍、「劇場政治」の主役に躍り出た観のある郵便貯金や簡易保険は、貯金や保険という形で受け入れた資金を財投債や国債への運用に回しているのであるから、公的金融という枠組みでみれば間接金融機関といえる。

　直接金融機関は、一般的には預金を取り扱わない金融機関の中に入る。たとえば、証券会社がその典型である。株式や債券、あるいは投資信託を扱う証券会社は、投資家（資金の余剰主体）からの注文に応じて株や債券の市場での売買を仲介している。その限りでは、投資家との間に債権債務関係が結ばれるわけではない。購入した債券や株式を発行した会社が倒産するなどして、投資した資金が返ってこないリスクは、最終的な資金の余剰主体＝投資家が負う。

第3節　間接金融機関の役割

　間接金融機関には、一般にいくつかの機能があると考えられている。その第1は、リスクの削減機能である。市場経済の下では、資金の貸し借りには本来的に返済が滞るというリスクを抱えることなるが、間接金融の場合、金融仲介機関がこのリスクを引き受ける形で、資金余剰主体のリスクを軽減する役割を担っている。

　間接金融機関は、自らが負うリスクを低減するために、借り手の信用状況を審査したり、貸し付け後の借り手の状況を調べたりする（**モニタリング機能**）。こうした審査や調査を情報生産機能という。この他、借り手が破綻するリスク、あるいは、債権が回収できなくなるリスクに対しては、投資先、あるいは、借り手を分散するという資金運用政策によっても対応する。

間接金融機関のこの他の重要な役割は、資産の変換機能である。この資産変換機能は量と期間という二つの面がある。量的側面では、金融機関は小口資金を集めることによって大口の資金に変換することができる。金融機関に預託され、集まってくるのは、家計などの比較的少額な小口の貯蓄である。金融機関はこれら小口資金を集中し、大口の資金需要に対応することができる。小口の資金を大口の資金に変換するのが、資金変換機能の量的側面である（**資金プール機能**とも言う）。

　一方、資金の期間という面でも金融機関は資産変換機能を果たしている。一般に、資金の余剰主体は、貯蓄（預金）を現金として引き出さなければならない事態に直面する可能性がある（流動性への選好）。特に、小口預金の場合、貯蓄している期間（言い換えれば、現金を引き出す間隔）は短い傾向がある。一方、借り手の方は、長期の資金を必要とする場合がある。特に、大口の資金需要の場合（例えば、設備投資など）はその傾向がある。ここに期間のミスマッチが発生する。金融機関はこのミスマッチを解消する機能を果たしている。このことを期間という視点から見れば、短期の資金の長期資金への変換であるので、**資産の期間変換機能**という。金融機関は、期間のミスマッチによる流動性リスクを負うのであるが、そのリスクを低減しながら、資金の出し手と資金の受け手の期間のミスマッチを解消しているのである。

　金融機関は、これらの機能を果たしながら、金融取引（信用取引）に伴うさまざまな取引コストを低くしている。その費用低減効果こそが金融機関の収益（手数料等）の根拠になっている。この点、後でまた触れることになろう。

第4節　直接金融機関の役割

　すでに述べたように、直接金融の場合、資金の出し手である資金の余剰主体がリスクを負う。したがって、直接金融機関は、資金の余剰主体と不足主体との間の資金の流れの仲立ちをしているだけである。つまり、

直接金融機関である証券会社などの役割は、資金の不足主体から資金の余剰主体への本源的証券のスムーズな流通を促す機能と言い換えることもできる。

　直接金融では、資金の余剰主体（供給側）と資金の不足主体（需要側）とが直接取引をする場＝市場が必要である。これを資本市場といい、具体的には、債券市場と株式市場で構成されている。直接金融機関は、この市場で資金の出し手（余剰主体）と資金の借り手（不足主体）の見合い、つまり供給と需要とを一致させる役割を果たしている。

　一般に、資本市場では長期の資金（流動性の低い）資金を取り扱うので、資金の出し手は、資産の流動性に関する期間リスクを負うことになる。そこで、それを回避するために資本市場には、自らの資産を第三者に販売することのできる流通市場ができあがる。直接金融機関（証券会社）は、流通市場である証券取引所での資産売買の仲介を行っている。日々ニュースで流される株価は、流通市場で成立した株価である。証券会社が流通市場で行う業務には、自ら（自己勘定）で証券売買を行う業務（**自己売買業務＝ディーラー業務**）とたんに売買の取り次ぎだけを行う業務（**委託売買業務＝ブローカー業務**）とがある。

　一方、最終的な資金の取り手（資金の不足主体）によって資金を調達する（借りる）ために発行される本源的証券を売りさばく市場が、発行市場である。直接金融機関は、資金不足主体が発行した本源的証券を売り出す業務を行っている。この場合、本源的証券が売れ残った場合に証券会社自らが買い取る約束で、証券発行を手助けする場合（**引き受け業務＝アンダーライター業務**）と、発行、募集、売り出しの委託を受けるだけで、売れ残りの買い取り義務を負わない場合（**募集売り出し業務＝セリング業務**）がある。前者の取引は、売れ残りリスクを証券会社が負担し、発行企業の資金調達を保証する取引である。

　証券会社も、顧客（資金の出し手）に対して企業の将来性、信頼性（財務内容）、業務内容などの情報を提供するサービスを行っている。その意味で、直接金融機関である証券会社も情報生産機関と位置づけること

ができる。

　また、近年では企業の信頼性や将来性＝投資適格性をランク付けする専門の企業も活発に活動している。これらの企業は、対象企業をＡないしＡＡなどの記号で格付けし、投資指標として顧客に提供している。顧客は投資情報の一つとしてこうした企業の格付け指標を参考にする。このような投資情報提供企業のことを**格付け機関**と呼んでいる。

第5節　金融取引の広がり

　さて、ここまで見てきたことは金融現象を表面的には捉えている。しかし、なぜ資金の余剰主体が資金の不足主体へ資金を融通するのか、ということになるとこれまでの説明ではきわめて不十分である。所得を得た場合を考えてみよう。所得のうち消費財への購入に向かわない部分は貯蓄となって手元に残る。貯蓄となった貨幣（蓄蔵貨幣）は、当面遊休貨幣となる。しかし、遊休貨幣が生まれたからというだけでは、資金の余剰主体が貸し出しを行う理由はわからない。すでに述べた、資源を最適に配分するということは、金融の機能ないしは金融の効果という点を説明しているにすぎない。なぜ、われわれは遊休貨幣を金融機関に委ねるのか、あるいは、そうしないで直接に投資しようとするのかということを説明するにはいささか不十分であると言わざるを得ない。

　また、なぜ借り入れを行うのか、同じことだが、なぜ投資をしようとしているのかということも「資金融通」という視点からだけでは不十分なように考えられる。

　これまで紹介してきた通説的な「金融」の説明は、「資金の融通」という視点でのみ金融を捉えている。しかし、以下にみるように「金融」という現象は広い範囲の経済現象を指す言葉である。そのことを示すように、今日、さまざまな金融現象が表れてきており、この面からも「資金の融通」という視点からだけでは「金融現象」を説明できないように思われる。

8

　戦後の金融革新の動きは大きく三つの局面で進んできたと言えよう。その一つは、金融業務の多角化現象である。新しい金融の分野は、すでに1960〜70年代に、アメリカで金融業務の多角化とともに広がってきた。金融多角化のなかで登場してきたのは、例えば、ファクタリング、消費者金融、クレジット・カード、リースなどの領域の金融である。図表１－１にあるように、わが国でも消費者信用や事業者信用を扱う金融機関としてこうした分野の金融機関が営業している。リースやレンタルといった業態は、実際に「資金の受け渡し」を伴わない現物の貸借である。これもまた金融の一つの側面といえる。

　こうした金融を扱う会社の多くは、ノンバンクといわれる業態としてくくられており、その業務規模で金融分野におけるこの分野の現状が一応捉えることができる。ノンバンクの貸付金残高は2005年３月末現在で約74兆円、民間金融機関による貸出総額の10％ほどを占めている。消費者信用を見てみると、2003年の統計で73兆円あまりの残高になっており、このうち販売信用は約38兆円、消費者金融は約35兆円である。消費者信用についてみると、2003年には1984年の規模の２倍を超える規模にまで大きくなってきたことを示している。

　金融変革の第二の面は、情報技術革新の進展に関連する。1980年代後半にはいると、情報技術革命が急速に進行し、90年代以降爆発的に普及・進歩した。この情報技術の発展に伴って、金融分野では金融商品の拡大と金融機関の再編、新規参入が進むことになった。例えば、オプションやスワップに代表される金融派生商品が登場し、金融取引に伴う金融リスクさえも売買されるようになった。この結果、従来、保険などのように専門の金融機関が扱うと考えられてきたものと類似の効果を持つ金融商品を、他の金融機関が取り扱うことも可能になってきた。つまり、金融の業態の違いなどが問題にならなくなる可能性が出てきた。また、われわれの身近に感じられるものであるインターネット・バンキング、オンライン証券取引の登場は、金融機関のあり方や営業戦略を大きく変化させる出来事になっている。

金融革新の第三の面は、グローバリゼーションである。情報技術革新がすすみ金融情報が瞬時に24時間世界中を駆けめぐるようになると、金融市場の動向は世界規模での要因に左右されるようになる。当然のことながら、資本間の競争も世界規模となり、取り扱われる金融商品もさらに多種多様になっていく。

　これまで述べてきた多くの事態は、単に金融を「資金の貸借」として捉えただけでは理解できないだろう。

　1980年以降、大きく進んだ金融変革は、マネー（通貨）や決済手段に関わる変化をも伴っている。すでに述べた情報技術革新（例えば、インターネット）の発展は、これまでのマネーの概念に疑問を投げかける事態を引き起こしてきている。例えば、地域通貨の問題や電子マネーの問題などである。最近は、クレジット・カードのポイントと結びついた「新たなマネー」も出てきており、これらを理論的にどう評価するかも重要な課題になってきている。金融にとっては、こうした「マネー」の問題が重要なテーマの一つなのである。

　国際的な面でも「貨幣や通貨」をめぐる問題が金融の問題として取り上げられている。本来、一国の通貨が他国で流通することはない。日本国内でドル紙幣で買い物が自由にできるかと言えば、答えは「ノー」であろう。しかし、今日、自国の通貨を流通させることをあきらめ、自国通貨の代わりにドルを流通させようとする国が出てくる事態（ダラライゼーション）が起きている。また、ヨーロッパでは複数の国が人工の通貨を創り出して共通通貨として流通させ始めたりしている（ユーロの誕生）。こうした事態は、国家間の金融活動の活発化と密接に結びついて出てきた事態である。

　このように、「金融」とは、単に「資金の貸し借り」の問題なのではなく、もっと広範な貸借関係を包摂している。そして、さらには「お金（マネー）とは何か」という根本問題をも問題にしている言葉なのである。こうしたことを前提に考えると、今日の貨幣金融問題に答えるためには、まず、貨幣の問題を考えるために商品交換（商品経済）社会にま

で遡り、そこから現代の経済社会の動向へと分析を進めながら、「金融」について考えていく必要があるように思われる。その場合、注意すべき事がある。それは、現代経済社会は資本主義経済社会であり、資本の動きが経済社会の動きを決めているということである。とういうことは、現代経済社会における貨幣金融の問題も資本の動態との関連で考えなければならない。そこで以下では、資本主義経済における資本の動態と言う点を軸にして貨幣金融の問題を考えていく。

【註】

1　経済主体：経済学では現実に経済活動を行っている単位を経済主体という。具体的には、家計（個人も含まれる）、企業、政府（自治体も含まれる）で構成されている。

2　本源的証券：株式や債券等

3　間接金融の場合、金融仲介機関が手に入れる本源的証券の中には債務証書も含まれる。

4　たとえば、預金証書などがそれにあたる。

第2章

今日のマネーとは何か
― 信用貨幣の世界 ―

　前章で考えたように、金融とは「お金（マネー、money）」そのものを指す言葉でもあり、「資金の貸借」を指す言葉でもある。本章では、この関係を経済理論的に考えていく。しかし、本題に入る前に今日私たちが使っている「お金（マネー）とは何か」という点に触れておきたい。というのも、私たちが普段当然のように思っているお金（マネー）とはどんなものかをはっきりとイメージさせることが、金融を考える出発点でもあるからである。

第1節　現代のマネー

　「貨幣とは何か」と質問されて、すぐに出てくる回答は、「お札やコイン（硬貨）」と答えるだろう。次に、「それではお金（マネー）をその機能という点から答えてみなさい」という質問を受ければ、「物（商品）やサービスを購入する手段（購買手段あるいは流通手段）」と答えるだろう。さらに、気の利いた人であれば「経済取引を完了させる手段（決済手段）」と答えるかもしれない。

　これらの答えは、どれも正しい。近年では、お札や硬貨の重要性をファイナリティ（支払完了性）という役割に見いだす議論が出てきている[1]。ところがお金を購買手段とか決済手段と定義すると、最初の答え、「お金（マネー）とはお札やコイン（硬貨）である」という回答と齟齬をきたすことになる。なぜだろう。というのも、「お金（マネー）は決済手

段である」とすると、現代社会では「お札やコイン（硬貨）」以外にも実に様々なマネーが存在するからである。しかも、お札やコインは決済手段としてはマイナーな存在にすぎない。すでに前章でも述べたように「金融技術革新の下でマネーの概念が広がっている」ということは、このことを指している。

さて、それでは今日決済手段としての通貨の構造はどのようになっているのだろうか。図表2－1は、通貨構造の推移をみたものである。ここでは、通貨として現金通貨（お札や硬貨）と預金通貨という二つのカテゴリーが示されている。この表から理解できるように、現実の経済社会ではお札や硬貨と言った現金通貨以外に金融機関（銀行）の預金が通貨（決済手段）として使われているのである。私たちも普段、公共料金や電話料金等の支払いで銀行預金を利用した支払いをしているので、す

図表2－1　通貨構造の推移（1990年～2008年）

（単位：億円）

年末	預金通貨	現　　　金　　　通　　　貨				
		計	所得流通における現金通貨	商業銀行の現金準備		
				計	銀行券	準備預金
1990	823,738	478,646	372,543	106,103	57,628	48,475
1995	1,253,131	533,161	462,310	70,850	38,289	32,561
1996	1,390,626	578,378	490,840	87,537	55,046	32,491
1997	1,515,504	620,881	527,328	93,552	59,825	33,727
1998	1,600,932	643,644	543,106	100,256	56,476	43,780
1999	1,801,335	929,779	594,048	302,167	68,308	233,859
2000	1,859,116	744,467	619,477	113,255	44,985	68,270
2001	2,151,099	889,133	666,897	192,680	36,527	156,153
2002	2,706,183	994,008	668,504	265,867	70,242	195,625
2003	2,910,373	1,113,629	724,556	342,900	42,593	300,307
2004	3,046,660	1,156,267	733,130	375,587	43,803	331,784
2005	3,238,782	1,166,405	753,219	338,760	10,083	328,677
2006	3,220,369	947,777	766,083	134,603	30,478	104,125
2007	3,229,523	959,784	780,755	174,801	73,568	101,233
2008	3,172,036	896,322	737,915	155,478	13,009	142,469

注）年末の残高、2008年は2月末
資料）日本銀行ホームページ「マネタリーサーベイ」より

ぐに理解できると思う。しかも、この表は預金通貨の方が現金通貨より
遙かに多く流通していることを示している。

　図表２－２では現実の決済にどのような手段がどの程度使われている
かを示している。ATM は現金自動支払機から払い出された現金通貨で、
大部分は何らかの支払いに使われるために払い出されたと考えられる。
しかし、この額を遙かに上回る多額の決済が預金を中心とする振替決済

図表２－２　銀行間の支払決済システム

（単位：千件、億円）

支払決済 手段等		銀行間 システム	参加業態・参加金融機関	2008年中取扱高	
				件数	金額
現　　金		CD・ATM オンライン 提携	MICS（以下各種業態間の提携）、都市銀行（BANCS）、地方銀行（ACS）、信託銀行（SOCS）、長信銀・商中（LONGS）、地方銀行II（SCS）、信用金庫（しんきんネットキャッシュサービス）、信用組合（SANCS）、労働金庫（ROCS）、系統農協・信漁連	324,528	179,165
預 金	手形・ 小切手	手形交換 制度	手形交換所（全国140カ所）	134,235	4,779,275
	振込・ 送金	内国為替制 度（全銀シ ステム）	全国銀行、全信連・信用金庫、全信組連・信用組合、労金連・労働金庫、農中・農協等、その他	1,321,136	24,724,808
	振替	磁気テープ 交換制度	東京銀行協会(株式配当、給与、年金等、一括支払いシステム)	34,377	76,814
	外国 為替	外国為替円 決済制度	都銀、地銀、信託、第二地銀、外銀、全信連・信金	6,774	44,214,441
	日銀当 座預金 振替	日銀ネット*		28	1,204,000

＊日銀ネットの数値は2007年の一営業日の平均数値
出所）全銀協『決済統計年報』

の制度で行われている。このうちもっとも身近な存在が内国為替決済制度（全銀システム）で、私たちの公共料金の支払いや振り込みによる支払いなどはこのシステムで行われる。

　ここまで見てきたことは、今日の経済社会では預金がマネーとしてメジャーな存在であり、現金通貨は決して中心的な存在ではない、ということである。前章で金融の技術革新がマネーの概念を広げているということを述べた。このことは、実は、預金と結びついた金融商品がさまざまに開発され、決済手段が増えているように見える現実を指していると言い換えることもできる。こうした現実を前に日本銀行は、通貨に関する統計を発表するとき、マネーの概念をいくつかのカテゴリーにわけて発表するようにしている。以下がそのカテゴリーである。

　図表２−３《マネーの概念》
　Ｍ１＝現金通貨＋要求払預金（＝普通預金、当座預金等）
　Ｍ２＝Ｍ１＋準通貨（＝〈定期〉預金等）
　Ｍ２＋ＣＤ＝Ｍ２＋譲渡性定期預金
　Ｍ３＝Ｍ２＋郵便貯金＋金銭信託等

　Ｍ１とは、現金貨幣（日本銀行券および硬貨）と要求払預金（当座預金・普通預金など、預金者が必要に応じて自由に払出しを要求することのできる預金）で構成されており、もっとも流動性の高い（商品売買にすぐに利用できる）貨幣概念といえる。Ｍ２は、Ｍ１に準通貨といわれる定期性預金を加えたものである。定期性預金が通貨としてとらえられる理由は、第一に、銀行預金の総合口座の開発によって定期預金を担保に一定額まで貸し越しが可能になり、商品・サービスの売買に利用される（決済手段として機能する）可能性が高まったこと。第二に、定期預金金利を放棄すれば、いつでも解約し、現金化できることなどが上げ

られる。また、CD（譲渡性定期預金）とは第三者に譲渡可能な定期預金証書であるが、満期日まで市場で売買され、その価格（＝金利）は市場で自由に決まる金融商品である。アメリカで開発され金利自由化の促進要因の一つになったが、譲渡性預金証書を発行する銀行にとってみれば資金繰りの手段となっているため、通貨の概念の中に組み込まれた。もっとも一般的なマネー（ないしマネーサプライ）の概念としてはここで示したＭ２＋ＣＤが採用されている[2]。

　以上、ここで確認しておきたいことは、今日では預金がマネーの中心の位置にいると言うことである。それでは預金がなぜマネーの中心を担うようになるのか、そしてそのことが金融活動とどのように関わるのかを理論的に考えていきたいと思う。

第２節　単純な商品交換の中に現れる貨幣と信用（金融）取引

　資本主義経済社会は、商品交換（商品経済あるいは市場経済）の上に成り立っている。したがって、商品経済あるいは市場経済を考察することで、資本主義経済社会における貨幣金融の基本的な要素が見つけられるはずである。言い換えると、単純な商品経済社会、あるいは商品交換という行為のなかにどのような単純な金融取引が見て取れるかがここでの課題である。

　前章でみたように、金融の基本は、貨幣ないし商品の貸し借りという形態にある。そうすると、今設定した課題への回答には、貨幣あるいは商品の貸借という関係が、単純な商品交換関係の中からどのように生まれてくるかを考察することで接近できるだろう。そのことを考える手始めにまず、貨幣とは何かという点について考え、その上で貸借取引とは何かという点に迫ってみようと思う。

　商品交換を考えてみよう。生産者は、自ら生産した商品（使用価値）を消費者に販売して自らの商品の価値を実現する（つまり、貨幣を手に入れる）。一方、このことを消費者[3]の側から見れば購買という行為で

ある。つまり、商品は販売と購買という二つの行為によって生産者の手から消費者の手に渡り、消費される。このとき貨幣は、交換される商品の価値を表示し（価値尺度機能）、商品の流通を媒介する機能を果たしている（流通手段機能）。もともと貨幣は、物々交換から始まった商品交換が繰り返し行われながら、選び出されたものである。物々交換の例にとってみればわかるように、貨幣の価値尺度機能は、自らの一定量で別の商品の価値を表現する機能である。例えば、鯛１尾とみかん10kgが交換されたとしよう。この関係は次の等式で表現できる。

鯛１尾＝みかん10kg

これは、鯛１尾の価値がみかん10kgと等しい価値を持っていることを示している。つまり、鯛１尾の価値がみかん10kgで表現されたのである。この時、みかんは鯛の価値尺度になっているといえる。あらゆる商品の価値尺度として、言い換えると、どんな商品とも交換できるものとして自らの一定量で他のあらゆる商品の価値を表現するもの（＝価値の物差し）になったのが貨幣である。したがって、歴史的に見ると実際に価値のあるもの（価値物あるいは生産物）が貨幣として選ばれた。例えば、貝や牛などがかつては貨幣として機能したといわれている。そうした中から最終的に貴金属（特に、金：gold）が唯一の貨幣として機能するようになったのである。

上で見てきたように商品交換とは、価値尺度である貨幣を仲立ち（媒介）にして商品の価値を実現する過程であるといえる。この商品交換には、必ず販売と購買という二つの局面が存在しなければならない（図表２−４を参照）。具体的に見てみると、単純な商品経済社会での取引では、購買者＝消費者が直接に貨幣を販売者＝生産者の手に渡し、一方、販売者は購買者に商品を受け渡すという形で商品取引が行われていく。

しかし、商品経済社会が発展すると販売と購買という二つの要素が分

図表2－4　商品交換と流通

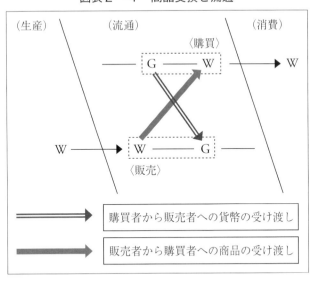

離する事態が生じる。例えば、商品取引が拡大すると、季節的な理由によって生産期間が異なる商品を取引する事態が発生する。また、ある市場で仕入れた商品を遠く離れた土地で販売するなど、販売条件が違う商品取引が発展する。そうすると、商品取引において商品の受け渡しと貨幣の受け渡しとが時間的に分離するという事態が起こる。このとき販売者は、購買者が将来貨幣を支払ってくれることを信頼して、貨幣の受け渡しよりも前に商品を販売（商品の受け渡し）する。したがって、こうした貸借取引を信用取引という。つまり、金融取引は信用取引と言い換えることも可能である。

さて、この取引では、商品の買い手（購買者）は、債務者となり、将来の貨幣支払いを約束する。他方で、商品の売り手（販売者）は債権者として将来の貨幣請求権を手に入れる。これが**掛売・掛買**というもっとも基本的な貸借取引である。

貨幣経済における商品交換とは、商品と貨幣とを交換すること、すなわち生産された商品の価値を実現することである。例えば、100円のボ

ールペンが売買されたことを考えてみよう。売り手は買い手にボールペンを渡し、買い手は売り手に100円を渡す。売り手にしてみればボールペンが100円という貨幣＝価値に変化したことを意味する。つまりボールペンの価値＝100円が実現したのである。このように通常の売買では商品の受け渡しと貨幣の受け渡しは同時に行われる。つまり、商品の価値は即座に実現する。

　ところが、掛売・掛買では商品の受け渡しは行われるが、貨幣の受け渡しはすぐには行われず、一定の日数が過ぎてから初めて行われる。つまり、掛売・掛買の取引では、「商品が譲渡されても、その価値は後になってはじめて実現される」[4]。したがって、買い手は、一定期間後の支払いのために現実の交換価値としての貨幣を手に入れなければならず、したがって、商品の販売をしなければならない。最初に掛けで販売された商品がふたたび販売されたのちはじめて支払いがなされるのであるから、「この販売は購買の結果として現れるのではなく、この販売によって購買が実現されるのである。言い換えれば、販売が購買の一手段となるのである」[5]。

　このように、単純な商品交換の社会における掛売では、後日、実際の貨幣が手に入れられるということのみを信頼して、前もって商品を販売している。その意味で、掛売・掛買に代表される貸借取引を信用取引と呼ぶことができる。

　ただし、単純な商品交換関係（つまり、単純商品社会）で見られる信用取引は、現実の貨幣（金貨などの実物貨幣）の登場を前提した限定的な取引である。言い換えれば、将来の交換価値の実現（貨幣金の入手）を信頼するというきわめて限定した範囲内で起こる原始的な信用取引である。また、この段階では商品交換が全面的に展開しているわけではない。したがって、信用取引の発生、範囲、条件もまた限定的なものである。つまり、こうした段階で発生する掛売取引は、信用取引としては萌芽的で、素朴なものである。その意味で、掛売・掛買信用は、「信用の一つの特殊な形態」[6]と言える。そして、この信用取引を完了させる、

第2章　今日のマネーとは何か　19

言い換えれば、実現されていない価格を実際に実現させる貨幣の機能を支払手段と呼ぶ。この支払手段としての貨幣の機能は、購買手段（あるいは流通手段）としての貨幣の機能と厳然と区別される[7]。

第3節　資本主義的信用取引の拡大と信用の貨幣化

　商品交換における販売と購買の分離という事態は、商品取引当事者を債権者と債務者という関係にさせることをこれまでに見てきた。この債権債務関係が「信用制度の原生的基礎をなしている」[8]。そのことを次に見ていこう。

　信用制度が十分に成熟している資本主義的経済社会では、商品交換が経済社会の隅々まで展開し、債権債務関係も無限の連鎖を広げていく。資本主義的な商品取引が社会的に広がっているということは、社会が存続するための経済的関係、すなわち資本主義的な再生産的連関が社会の隅々まで深く広がることを意味している。つまり、債権債務の連鎖の展開は、社会の存続（再生産）が資本主義経済の再生産メカニズムに依存するようになったことを意味している。再生産的連関の深まりに伴って商品取引も連鎖的に広がる。そうすると、信用関係も掛売・掛買信用のように偶然的、非連鎖的ではなく、再生産的なつながりを基礎にした連鎖的な信用取引になっていく。このような信用を商業信用という。

　信用関係が商業信用にまで発展すると、貨幣は支払手段としてつぎつぎとさまざまな人の手に渡るようになる。いろいろな人の手がつながりあっているからこそ、貨幣は支払手段として流通する。つまり、「貨幣が支払手段として流通する速度は、貨幣が鋳貨としてまたは購買手段として流通する速度よりも、個人が流通過程に深く入り込んでいることを示している」[9]。そして、資本主義社会では、十分に展開した商品経済を基礎に信用制度が成熟しているのだから、貨幣の支払手段としての機能が、購買手段や蓄蔵貨幣の機能を縮小させながら広がっていく。このことは、交換価値が生産を深くまた広くとらえていればいるほど、「貨

幣が排他的支払手段として発達して」[10]いくことを示している。

　さて、商品取引の拡大と共に債権債務の連鎖が拡大すれば、それが互いに相殺され、残額だけを決済すればよくなり、「支払手段として必要な貨幣総額」はそれだけ小さくなる。さらにこのことが進行すると、「諸支払いが正負の相殺される限りでは、現実の貨幣の介入はぜんぜんおこなわれない」[11]という事態にまで至る。

　具体的に見てみよう（図表２−５を参照）。例えば、ここでＡがＢから信用（後日払い）で商品を購入したとしよう。この場合、ＡはＢにたして債務を負い、ＢはＡに対して債権を持つ。このとき、Ａは債務証書としての手形（支払い約束書）をＢに振り出す。次に、ＢはＣから商品を信用で購入したとしよう。同じようにＢはＣに対して債務を負い、ＣはＢに対して債権を持つ。Ｂは自ら現金で支払うことも可能であるが、同額のＡ振り出しの手形が手元にある。これに裏書き（Ａの手形に対する支払いが滞った場合には、Ａに代わってＢが弁済することを約束する行為）をして、Ｃに譲渡する。このときＣがＡから何らかの商品を購入するようなことが起これば、ＣはＡに、Ａ振り出しの手形を呈示することで、Ａへの支払いを完了させることができる。

　この事例からＡ振り出しの手形は、Ａ−Ｂ−Ｃの債権債務関係において支払手段として流通し、その結果、Ａ−Ｂ−Ｃ間の債権債務が最

図表２−５

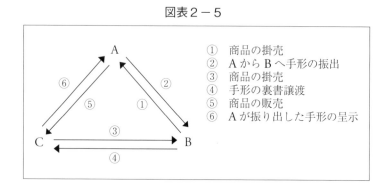

終的に相殺され、債務証書（手形等）が「絶対的に貨幣として機能」したことがわかる。つまり、「信用の一つの特殊な形態—貨幣が購買手段としてではなく支払手段として機能する場合には」、債務証書（手形など）は債権者にとっての支払手段として機能するのである。さらに、債務証書が流通することによって債権債務が相殺され、債務証書そのものが貨幣の代わりをするようになる[12]。このように貨幣の代わりをする債務証書（手形）には、商業手形ばかりではなく、銀行が発行する銀行券などが含まれる。

　資本主義的生産が発達すればするほど、資本主義的再生産の連関と債権債務の絡み合いは深く、広くなっていくから「同時におこなわれるべき諸支払いが一つの場所に集中され」、集中的に相殺されるようになり、銀行券や手形などの債務証書が「絶対的に貨幣」として、すなわち信用貨幣として機能するようになっていく。債権債務の集中・相殺の仕組みは、歴史的に見れば、「古代ローマのように、信用制度が少しも発達していなくてもできてくる」[13]し、「中世リヨンにおける"振替"」[14]もそれに当てはまる。

　後の章で詳しく見るように、近代的な信用制度の下では集中的な相殺システムは、手形交換所を皮切りに発展する。そして、その完成された姿が銀行預金である。さらに、銀行預金の貨幣化をシステムとして支えているのが、今日中央銀行（日本の場合、日本銀行）が金融機関向けに開設している当座預金勘定を頂点とするペイメント・システムである。

　こうなると、経済社会全体の中で貨幣（金貨等）が経済取引を仲介する割合（流通手段として機能する割合）は、特段に小さくなる。金本位制下のイギリスでさえも、「鋳貨としての貨幣はほとんどもっぱら生産者と消費者とのあいだの小売取引や小口取引の部面に封じ込められているのに、支払手段としての貨幣は、大口の商取引の部面を支配」[15]するようになっていた。そして、今日の社会を見ればわかるように、現金としての貨幣は日本銀行が発行する債務証書である日本銀行券と、国家が鋳造する補助貨になり、ほとんどが預金で取引が行われるようになって

いる。さらには、国際部面でもドル預金が国際通貨としての地位を占め、本来の貨幣であるはずの金（gold）は、外貨準備の一部の地位を占めるまでに節約され、表舞台から姿を消した[16]。

　ここまで信用システムが発展してくると、現実の社会は転倒した状況を生み出したようになる。つまり、本当ならば最終的決済において登場するはずの貨幣＝生身の金（gold）が現実に現れなくなるので、預金などの債務は、「ただ観念的に、計算貨幣または価値尺度として機能するだけ」にもかかわらず、実在的な価値尺度ないしは価値の定在あるいは貨幣そのものとして考えられるようになる[17]。これは、「一つの無媒介的な矛盾」なのであって、今日のような信用制度においてその矛盾がどのようにわれわれの目の前に現れてくるのか。これが研究の大きな課題の一つになる[18]。

第4節　銀行券の性格と通貨制度 ― 金本位制と管理通貨制 ―

　本章でこれまでみてきたように、貨幣はまず価値尺度として機能し、自らの一定量で他のあらゆる商品の価値を尺度する機能を果たしてきた。歴史的に見れば、その貨幣の役割はさまざまな商品が担ってきた。しかし、無数の商品交換が行われていきながら、社会は唯一の商品に貨幣の地位を与えるようになった。やがて、国家が確立すると、唯一の商品を貨幣として使用する商品交換の営み（社会的な行為）を追認するように、法律的、制度的にその国の唯一の貨幣を定めるようになる。これを**本位制度**という。そして、法律的、制度的に貨幣の地位を与えられた商品を**本位貨幣**という。歴史的に見ると、銀あるいは金がその地位を与えられたが、最終的には金が本位貨幣の地位についた。これを**金本位制**という。

　金本位制では、法律によってある貨幣単位（貨幣名）を一定の純分と重量の金（gold）を結びつけた。これを**価格の度量標準**という。例えば、日本では1897年（明治20年）の貨幣法第2条で、「純金の量目2分（750mg）をもって価格の単位となし、これを円と称す」と規定した。

この規定こそが、価格の度量標準（あるいは価格標準）の実際の姿である。価格標準が決まることによって私たちは、今の生活で手にしているような価格体系を手に入れることができたのである。

金本位制は、世界に先駆けて資本主義経済体制へと移行したイギリスにおいて1816年に確立した。しかし、現実には1819年の兌換再開条例を経て1821年から実質的に機能したといえる。イギリスの金本位制では、鋳造価格は1トロイオンス＝3ポンド17シリング10 1/2ペンスであった。その後、戦争等による中断を経験しながらも1931年の兌換停止に至るまで約100年にわたりこれが維持された[19]。

金本位制では、金貨の自由鋳造・溶解、金の自由輸出入、金貨と銀行券との自由兌換が保証された。したがって、中央銀行であるイングランド銀行は、いつでも法定の価格標準にもとづいて金と銀行券との兌換を維持しなければならなかった。この措置によってイングランド銀行券は金と同じものと見なされ、広く経済社会で流通したのである。このことは、次の二つの点を意味している。第一に、銀行券は本来、銀行手形つまり銀行が発行する債務証書であるから、債務である銀行券に対する支払い（決済）が求められれば、銀行はそれに応じなければならない。それではなによってそれに応じているかと言えば、金本位制の時には、銀行券に対する金の支払い（＝金兌換）でそれに応じていたといえる。つまり、金本位制における銀行券と金との兌換は、中央銀行による債務の履行に他ならないのである。つまり、銀行券が金支払い約束書であることを意味している。

第二に、通貨の金兌換によって通貨の価値は、実質的に保証されていたということである。すでに見たように、債務証書である銀行券（銀行手形）は、商品交換と再生産過程の連鎖に沿って、第三者の間を支払い手段としてさらには購買手段として転々と流通していく。この場合、重要なことは、債務証書である銀行券の価値が保証されていることである。例えば、銀行券の額面金額で購入できる商品量（購買力）が、時間の経過とともには少なくなっているような場合は、銀行券の価値が減価した

といえるだろう（典型的には、インフレーションが発生した場合である
が、詳しくは後の章で検討する）。しかし、金との兌換が保証されてい
れば、いつでも、どこでも銀行券は金一定量の価値の裏付けがあること
になる。このように通貨価値の保証という意味でも金兌換は信用貨幣で
ある銀行券の信用を支えているのである。

　さて、本節で「金兌換が銀行券の信用貨幣性を補強した」といった意
味は、金兌換による価値保証や、金支払い約束書としての性格の維持が、
銀行券を信用貨幣とする必要条件なのではないからである。なぜならば、
これまで見てきたように根本的に債務証書（手形）の信用は、債権債務
の相殺とそれを裏付ける繰り延べられた支払いに対する返済可能性とに
よって支えられている。したがって、手形が順次譲渡され、流通し、最
終的に出発点に戻り、債権債務が相殺されれば、その手形はどこまでも
信用貨幣として流通する。つまり、信用が保証されたと言うことになる。
こうして考えると、手形流通と債権債務の相殺原理が十分に作用すれば、
信用貨幣ないしは銀行券にとって金兌換は、必ずしも必要なものではな
い、ということになる。金兌換は、資本主義経済とその再生産構造がま
だ発展途上だった歴史的段階において、銀行券の信用と流通を保証する
一手段だったと言うこともできよう。

　大恐慌に見舞われた1930年代半ばから資本主義各国は、金との兌換を
停止し、金本位制から離脱した。銀行券は制度的な意味で金との裏付け
を失った（不換通貨制度）。そして、各国の中央銀行は金（及び外貨）
準備量の束縛なしに自由な通貨発行を通貨当局ができるようになった。
このように、金との裏付けを失った銀行券を**不換銀行券**あるいは**不換通
貨**という。そして、中央銀行が金の制約をうけずに、言い換えれば金兌
換という義務を課せられずに、自由に通貨発行ができるようになった通
貨制度を管理通貨制度という。

　ここでは、管理通貨制度における銀行券の性格について考えてみよう。
一般に、不換制度下では流通通貨（銀行券）は、金という信用の裏付け
が無いのだから、信用貨幣としての実質を失うと考えられがちである[20]。

しかし、これまで見てきたように、信用貨幣の信用は、本質的には返済、還流と債権・債務の完全相殺によって支えられている。それを価値的に補強してきたのが金兌換だったといえる。したがって、価値的補強である「金兌換」が失われても信用の本質は失われていない。

　不換銀行券が信用貨幣としての本質を失っていないことを理解するために、例えば、我々が受け取った不換の銀行券の支払いが拒絶された場合を空想してみよう。私たちは、銀行券を譲渡した人に弁済を求めるか、あるいは直接、銀行券を発行した銀行に弁済を求めることになる。そうすると銀行券を発行した銀行は、銀行券の発行の元になった「再割引した手形（保証物件）の弁済を求めざるを得ず、商業銀行から問屋やメーカーに弁済請求が順次及んでいく。最終的な姿は、……最初の買い手から商品を取り戻し、それで銀行券所有者に弁済することになる。実際には、そんな不便な回り道をせず、銀行券所持者は市場で商品を買うことによって、銀行券という債権の弁済を受けたのと同じ結果を得る。市場でその商品を売った人の手に渡った代金は最終的には当初の借入れ（手形割引）の返済に充てられ、中央銀行の勘定のうえでも、実際に割引債権と銀行券という債務の双方が消滅する。空想上の弁済と同じことが間接的には市場取引で実現するわけである。……金による弁済を行わなくなった不換紙幣にも一種の弁済性があるといってよいだろう」[21]。

　この事例が具体的に示しているように、我々が銀行券で商品を購入することは手形流通と同じように一方の債権と他方の債務とを相殺することに他ならないのである。中央銀行が行うことはこの銀行券流通を滞りなく、円滑に進めていくことを保証することであり、それが上手くいく限り、必ずしも金との兌換の必要はない。管理通貨制度とは、こうした中央銀行を頂点とした信用システムの完成された姿を示している通貨制度とも言える。

　金兌換が失われても信用貨幣性が維持されているのを今まで見てきた。それでは、通貨制度にとって金兌換の喪失が重要事ではないのかと言えば、そうではない。金本位制における金の兌換は、銀行券の価値を明示

的に示すと同時に、実際に銀行券の価値を支えてきた。つまり、金兌換によって銀行券の信用が補強されてきたといえる。だが、不換制度である管理通貨制では、1単位の銀行券がどの程度の貨幣金と同等の価値を持つのかが、目に見える形ではっきりとわからない。同時に、金兌換という補強が無くなるのであるから銀行券の価値はきわめて不確定なものになる。つまり、銀行券の発行状態によっては、インフレーションのように銀行券の価値（代表金量）が減少する（減価する）事態が起こる可能性が高くなる（この点は後の章で詳しく見ていく）。銀行券（あるいは通貨）の価値の維持は、金兌換という制度装置ではなく、通貨政策（あるいは金融政策）という人為に委ねられることになる。したがって、管理通貨制度では通貨価値の維持・管理は中央銀行をはじめとする通貨当局の重要な役割になる。

　金本位制における銀行券の価値は、価格の度量標準によって法定され、銀行券が代表する金量によって決まっていた。管理通貨制度では価格標準という法的な裏付けはない。しかし、理論的には、兌換が維持されていれば銀行券が代表しているだろう貨幣金量というものが、想定できるだろう（これを事実上の価格標準という）。この事実上の価格標準が正確な意味での銀行券の価値ということになる。しかし、現実には兌換が行われていない以上、事実上の価格標準を確定することは難しい。したがって、便宜的に物価変動の傾向ないし水準によって銀行券の代表金量を推定するほかないだろう。つまり、管理通貨制において通貨当局は、物価の安定を一つの尺度として通貨の価値安定を計ることになる。今日、日本銀行総裁をはじめとして多くの中央銀行総裁が、「中央銀行の使命は、物価の安定である」と表明するのも、また、通説的に中央銀行の性格を「物価の番人」と捉えるのも、このことを指しているのである（第6章で再度触れる）。

　本章では、現代の通貨は何か、そしてその流通根拠はどこにあるのかという点を主題にして、債権債務の相殺問題、銀行券の信用貨幣性の問題、そして通貨制度の問題などに触れてきた。こうした本章の主題にと

って重要なことは、貸付・返済、さらに結果としての債権債務の相殺メカニズムにあった。その一方で、さらに踏み込んで考えてみると、貸付・返済や債権債務の相殺を担保する根本的な原理はどこにあるのか、という問題が提起されるのであるが、その点については触れなかった。次章では、資本という概念を軸にしてこの問題を考えていくことにしよう。

【註】

1 ファイナリティの理論的意味については、後に詳しく考えてみよう。

2 CDがなぜ一般的なマネー・サプライの概念として採用されているのか。このことについて以下の章で展開する銀行の役割や信用創造の議論を参考にしながら考えてほしい。

3 生産者でもかまわない。要は自らの必要で商品を手に入れようとする人である。

4 K. Marx, *Das Kapital III*, S.382（K. マルクス『資本論』第3巻、新日本出版社、1997年、625頁）

5 K. Marx, *Ebenda*（同上.）

6 K. Marx, *Ebenda*（同上.）

7 「金が貨幣として機能するのは、一面では、それがその金の（または銀の）肉体のままで、それゆえ貨幣商品として、現れなければならない場合」（K. Marx, *Das Kapital I*, SS.143－144（K. マルクス『資本論』第1巻、新日本出版社、1997年、218頁）である。掛売信用のようにまだ商品交換の発展が低い段階で、同時に信用取引の展開も限定的な場合には、信用の連鎖が断ち切れるところで、必ず生身の貨幣金が登場しなくてはならない。債権債務関係を清算するために登場する貨幣金のこの機能を支払い手段機能と呼ぶ。

8 K. Marx, *Zur Kritique der Politischen Ökonomie*（K. マルクス『経済学批判』国民文庫、大月書店、1966年、187頁）

9 K. Marx, *Ebenda*（同上書、190頁）

10 K. Marx, *Ebenda*（同上書、188頁）

11 K. Marx, *Ebenda*（同上書、191頁）

12 K. Marx, *Das Kapital III*, S.382（同上『資本論』第3巻、625頁）

13 K. Marx, *Zur Kritique...*,（同上『経済学批判』190頁）

14 K. Marx, *Das Kapital I*, S.151（同上『資本論』第1巻、232頁）

15 K. Marx, *Zur Kritique...*,（同上『経済学批判』187頁）。なお、この問題については、金井雄一『ポンドの苦闘―金本位制とは何だったのか―』名古屋大学出版会、2004年を参考にすることによって更に発展的に考えることができる。

16 電子マネーや地域通貨もこうした「信用による貨幣金の代替」ということを軸に分

28

析することが可能であると考えている。この点はいずれかの機会に検討してみたい。

17 K. Marx, *Zur Kritique...*,（同上『経済学批判』191頁）、および *Das Kapital I*, S.151
－152（同上『資本論』第1巻、232－233頁）。近年、貨幣の本質的機能を計算貨幣論
へと矮小化する議論が多く見られる。こうした議論への検討は別稿でおこなう。

18 最終的な債権債務の決済は、システムとしての相殺機構だけでは十分な条件とは言
えない。商品の最終的な価値実現を保証するのは、「資本の円滑な還流」に他ならない。
こうした問題意識で研究は進めるべきであるが、その点は、別稿での課題とする。

19 イギリスの通貨ポンドの価値は制度的に金本位制が確立していた以前から一定の金
量（事実上の価格標準）で固定されていたと考えられる。例えば、楊枝嗣朗氏は次の
ように述べている。「イギリス貨幣・金融史で注目すべきことは、英貨ポンドの価値
が近代初期より1931年の兌換停止に至る300年にもわたって、ほぼ不変であったこと
である」（『近代初期イギリス金融革命―為替手形・多角的決済システム・商人資本―』
ミネルヴァ書房、2004年、1頁）。こうしてみると、制度的な金本位制の確立、言い
換えれば、法律的な価格標準の制定は、社会的慣習の追認という意味合いが強いと考
えられる。

20 こうした考えでは、銀行券の流通の根拠は、もっぱら国家の強制通用力に求めるこ
とになる。したがって、銀行券はもはや信用貨幣ではなく、不換の政府紙幣だという
ことになる。

21 西川元彦『中央銀行』東洋経済新報社、1984年、47－48ページ。

第3章
信用取引と経済社会

　これまでの章のところで、商品経済が展開し、さらにそれが資本主義経済社会へと発展すると共に信用取引が広く展開し、信用（具体的には、債権債務）が貨幣としての役割を果たし、現代社会の通貨へとつながってきたことを見てきた。このことを貨幣論的な視点から見てみると、支払手段の機能から発生した通貨、具体的には銀行券や預金が、市場経済のなかで貨幣の代替物として支配的に機能するようになったことを示しているといえる。さらに前章では、こうした通貨（銀行券や預金等）が決済手段として機能し、経済社会の中で流通していく根拠を考えてきた。そして、その中で、債権債務の相殺問題、銀行券の信用貨幣性の問題、そして通貨制度の問題などに触れてきた。

　これらの議論をうけて出てくる次の課題は、信用貨幣が経済社会を広く流通できる根本的な根拠は何かという点を明らかにすることである。つまり、信用取引が成立する条件、言い換えれば、貸付・返済という事態はなぜ成立できるのかを明らかにすることである。さらに進んで債権債務の相殺メカニズムが機能できる根本的な原理はどこにあるのかをも明確にする必要がある。本章と次章では、この課題にひとつの回答を示すと共に、そうした原理が資本主義経済社会における貨幣金融の動きにどのような作用を及ぼすのかを明らかにする。ここではそれを考える前提として、資本とは何か、それがどのような運動をするものなのか、そして信用取引さらに金融取引は、資本の動きとどのような関連があるのかを見ておきたい。

第1節　資本とは

　前章でみたように、信用取引は貸付と返済という行為によって構成されている。つまり、信用取引は貸付によって成立した債権債務関係が、返済という行為によって消滅することによって成立する。したがって、滞りのない返済が信用取引を成立させる第一条件になる。もっとも単純な社会を前提に考えるならば、この貸付－返済はその背後の商品生産と流通とが円滑に進むことを前提条件としている。なぜならば、もっとも単純な商品取引のなかで発生した信用取引を成立させるための返済は、掛け売りで譲渡された商品が、その商品を手にした人の手で何らかの形で貨幣に変わらなければ、うまく進まないはずであるからである。そうすると商品生産と流通が順調に進んでいく条件こそが、信用取引を成立させる根本原理ということになる。

　資本主義社会は、資本が社会の再生産過程を支配する経済社会である。だから、資本主義社会における商品取引を基本的に決定していくのは、資本の動きである。ということは、資本主義社会における信用取引成立のもっとも基本的な条件は、資本が順調に運動していくこと、そしてその結果として貸付・返済が滞りなくすすんでいくことだといえる。それゆえ、資本主義経済の社会における信用取引ないし金融取引を理解するためには、まず信用取引成立の根本原理を資本の動きに関連させながら理解しなければならない。資本を理解することが金融取引を理解する第一歩なのである。

　それでは、資本とは何だろうか。結論から述べれば、**資本**とは、自らの価値を増殖する価値（商品）であり、さしあたって貨幣という形で存在しているものである。資本の運動の特徴は、一連の動きを終了すれば、価値を増殖させて＝利潤を伴って出発点に戻ってくる―還流してくる―ところにある。

　図表3－1に基づいて、資本の動きを見ておこう。

図表3－1　資本の運動

$$G - W \begin{cases} Pm \\ \cdots\cdots\cdots (P) \cdots\cdots\cdots W' - G' \\ Ak \end{cases}$$

G：Geld（貨幣）、W：Ware（商品）、…(P)…：Produktionsprozeβ（生産過程）
Pm：Produktionsmittel（生産手段）、Ak：Arbeitkraft（労働力）

　この図は次のことを示している。通常の資本の動きでは、まず貨幣資本（G）が投資され[1]、機能資本（W）へと転化される。機能資本は、原材料や機械などの生産手段（Pm）と労働者（Ak）で構成されている。例えば、自動車会社などの製造業では商品生産を行うのに、自らの用意した資金で原材料を購入し、従業員を雇い入れる。それらを働かせて自動車などの商品を生産する（図の中では…（P）…＝生産過程にあたる）。そして、価値を増殖した商品（W′）が生産される。例えば、100万円という資金で原材料を購入し、従業員に対して給料を支払い、雇い入れ、それらを生産過程に投入することによって、120万円の自動車が生産されるというように…。このようにして生産された商品を市場で販売すると企業には増価した利潤20万円と共に、最初に投資された資本（100万円）が還ってくる[2]。このように、資本は自らの価値を増殖して出発点に戻って来るという特徴をもっている（これを資本の還流という）。逆に言えば、価値を増殖できなかったり、投資された出発点に戻ってくる（回収される＝還流する）ことができなかったりすれば、それはすでに資本ではない（具体的に言えば、投資の失敗を意味し、損失を計上するか、最悪の場合は企業倒産に結びつく）。

　つまり、資本とは、利潤という形で自らの価値を増殖する価値、そしてその価値増殖こそが自己目的となる価値—貨幣ないし商品—である。

「貨幣―ここでは貨幣はある価値額の自立的表現と解されている。その価値額が実際に貨幣の形で実存するにせよ商品の形で実存するにせよ―は、資本主義的生産の基礎の上では資本に転化されうるのであり、この転化によってある与えられた価値から、自己自身を増殖し、自己を増殖させる価値になる。それは利潤を生産する」[3]。

　この資本を所有し、それを資本として投資する人間が資本家である―資本の人格化―。資本家は、より多くの利潤を獲得するために飽くなき競争を行い、つねにより高い利潤が期待できる分野への資本投下（投資）を追求する。

　さて、信用取引の基本的な形＝貸付・返済という点に限って、これまで考えてきた資本の運動がどのように関連しているかをここでふれておきたいと思う。信用取引（ないしは金融取引）は、返済（つまり、将来の価値の実現）を条件とした貸付（＝価値の一時譲渡）であることは前章でみた。それでは、この返済（将来の価値の実現）は資本主義経済ではどのように保証されるのか。これまでの説明でわかるように、資本主義経済における経済活動の出発点は資本の投資（前貸し）にある。そして、生産過程をへて新価値が生産された後、流通過程で価値が実現し、最初に投下された貨幣資本は出発点に戻ってくる（資本の還流）。このように、資本主義経済における価値実現は、資本の投下（前貸し）と資本の還流という形で、現実化していることがわかる。つまり、資本主義経済における貸付行為に対する返済は、資本が利潤獲得目的で生産した商品がうまく販売され（＝価値が実現し）、手に入った貨幣によって行われる。資本の前貸しとその回収（＝資本の還流）が貸付・返済という信用取引の成立条件になっているのである。この点に注目して、信用取引を定義するとすれば、次のように言うことができるだろう。**信用取引とは、返済、つまり資本の還流に依存した貸付（価値の一時譲渡）である。**

　ここまでで、もっとも基本的な意味での信用取引を明確にしてきたが、

資本主義経済における信用取引の内容を確定しようとすれば、この定義だけにとどまっていては不十分である。そこでさらに資本主義的信用取引の内容について考えていきたい。

第2節　利子生み資本と資本の還流

前節でみたように、資本主義経済において個々の資本は、より高い利潤（つまりは、剰余価値）を手に入れようとする激しい競争を行うようになる。そして、こうした競争が市場経済を通して行われる結果として、同じ部門間ではもちろんのこと、異なる部門間でも、さらには産業資本と商業資本の間でも利潤率は均等化するようになっていく（ここで述べた平均利潤の形成については本章の補論を参照してほしい）。こうして平均利潤率が形成されると、資本は<u>利潤を生産する可能性あるいは能力</u>という新しい性格を持ち、「特殊な商品」として取り扱われるようになる。というのも、資本は、「それが貨幣として有する使用価値のほかに、一つの追加的な使用価値、すなわち資本として機能するという使用価値をもつようになる」からである。つまり、**貨幣としての資本は、貨幣それ自体としての機能（使用価値）の他に利潤を生産するという機能（使用価値）を持つ商品になる**のである[4]。

そうすると、資本という商品の使用価値（利潤を生産する能力）が販売されるようになっていく。こうして確立するのが利子生み資本と言う概念である。利子生み資本とは、利潤を生産する能力に転化する可能性のある商品として、つまり、資本という商品として取引されていく貨幣のことを指している。そして、そのような使用価値を持つ商品（利子生み資本）の「販売価格」が利子なのである。言い換えれば、利子は、利子生み資本が可能的資本として剰余価値生産に利用された代価だといえる。したがって、利子は貸し付けられた資本が生産した利潤から分割されて、支払われる。つまり、生産された剰余価値の一部（＝再分配された一部）と言うことができる。

ここで、利子生み資本の特徴を見ていこう。まず、第一の特徴は、利子生み資本の販売形態にある。この資本は、単なる商品のように自らを消費のために―自らが使用価値として実現されるために―、販売されていく商品ではない。商品としての利子生み資本は、貸し付けという形態によって借り手に譲渡される。しかし、利子生み資本としての価値は一時譲渡されるのみで、必ず借り手の元に戻ってこなければならない。なぜならば、利子生み資本として譲渡される商品は、譲渡する側にとっても資本であるので、必ず出発点に還流しなければならない（戻ってこなければならない）からである。したがって、利子生み資本は、前貸しと返済という形で運動していく。

繰り返しになるが、ここでは利潤を生み出す能力が販売される。一時譲渡された（＝貸し出された）価値である利子生み資本は、貸し出された先で利潤を生産する資本として使われ、実際に利潤を生み出す。だから、その利潤を生み出す能力の価格として利子が付くのである。利子生み資本は資本として貸し手の元に（＝最初に資本を投下した資本家の元に）戻ってくることは先に見た。この資本の還流が利子を伴っての還流（返済）という形をとる理由は、利潤を生み出す能力の販売という点にある。だから、利子は利潤を生み出す能力（価値）の価格であり、**利子（率）は利子生み資本の価格**なのである。

利子（率）は金融市場における貨幣資本の需要と供給の関係できまる。しかし、その変動は無限なのではない。なぜならば、利子は利潤（剰余価値）から分割され、支払われるのであるからである。利潤率以上の利子率になれば、借り手である資本家は損失を被ってしまうから、それ以上借りようとしないだろう（貨幣資本需要がなくなる）。また、利子率がゼロになってしまえば、貸しても意味がないから誰も貸さなくなる（貨幣資本の供給がなくなる）。したがって、利子率は利潤率よりも低く、ゼロよりも高いところで決まり、その範囲内で変動する。

ゼロ＜利子率＜利潤率

第3章　信用取引と経済社会　35

　後にも触れるように、一般に貸借取引における重要なモメントは借り手の信用度にある、といわれる。これまでの考察で理解できるようにここでいう**信用度**とは、利子生み資本として貸し付けた（一時譲渡した）資本が返済される（還流してくる）可能性と言い換えることができる。つまり、近年、教科書的な経済学で中心的な用語となっている**リスク**とは信用度の裏返し、つまり、還流してこない可能性を指すとも言える。返済されなければ、貸し付けた資本家はその損失を準備資本等で埋め合わせなければならない。したがって、準備資本を用意する費用を貸付金利に上乗せすることになる。信用度の高低（貸し倒れの危険度）に対応した上乗せ金利のことを**リスク・プレミアム**というが、それは資本還流が滞った（返済が不能になった）場合に、貸付資本家が被る追加的費用負担の借り手への転嫁部分と規定できる。

　利子生み資本の第二の特徴は、固定資本という姿でも、流動資本という姿でも貸し付けられるということである。だから、例えば、家屋、船舶、機械なども利子生み資本として貸し付けられる。というのも、貸し付けられた資本は、どのような姿をとっていても、またそれによって返済の仕方が変わってしまっても、つねに貨幣資本が姿を変えたもの（貨幣資本の一部）とみなされるからである[5]。資本主義経済においてあらゆる部面で資本の運動が展開していけば、すべての商品、つまり価値物は資本として機能する可能性を持つ。したがって、貸し付けられるという形態をとれば、貸し付けられたそれらの物（資本）は、返済という仕方で還流してくる利子生み資本の一形態—本来の貨幣資本から派生した形態[6]—となって、機能するようになっていく。私たちは今日、これらをリースやレンタルというかたちでみることができる。つまり、リースやレンタルといった現物資本を貸し付ける企業は、**利子生み資本の派生的形態**として捉えることができる。

第3節 利子生み資本と信用貨幣

　このようにあらゆる商品が資本として貸し付けられていく―利子生み資本の一形態として貸し付けられていく―ようになる基本的な理由の一つは、前の章で考えてきた信用の貨幣化と関連する。すでに述べたように、商品経済の展開は債権債務のネットワークを縦横に展開し、信用[7]を貨幣化するようになる。そうすると、信用およびそれによって形成される債権債務は、観念的な価値尺度ないしは計算貨幣としてのみ機能しているにもかかわらず、貨幣そのものとして機能するようになる。その究極の姿が預金や銀行券といった信用貨幣である。

　社会的な（マクロ経済的な）視点で見た信用の機能の第一は、信用取引の全面的な展開によって実物貨幣が信用貨幣に取って代わるところにある。そして、資本主義経済社会において信用取引が全面的に展開した結果、我々の目の前から金貨や銀貨と言った実物貨幣が姿を消し、現実の決済取引においても使われなくなった。そもそも、貨幣としての金（gold）や銀（silver）は一商品であり、その生産にはコスト（費用）がかかる。しかし、金（あるいは銀）は、貨幣商品としては、個人的に消費されることもなければ、生産的に消費されることもない。つまり、金や銀は、貨幣としては不生産的に拘束され、固定化されている。

　さらに、(1)経済社会の規模が大きくなり、流通に必要な貨幣量が増える事態や、(2)摩滅などによって流通する貨幣金が少なくなり、補填しなければならない貨幣量が増大するなどの事態が起こると、増大した貨幣を調達する費用が社会全体として必要になる。この費用は、生産に関わらない貨幣を掘り出し、鋳造するための費用だから、**社会的な「空費」**である。

　これら金や銀などの貨幣商品に関わる費用は、社会的富のうち流通過程で犠牲にしなければならない部分なので、市場経済社会は、それを極限まで節約しようとする。信用の社会的な役割は、貨幣金の役割を信用貨幣（預金や銀行券）に代替させることでこの社会的な空費を節約する

ところにある。こうして信用取引は信用貨幣（預金や銀行券など）を創り出し、貨幣金が決済に実際に登場する機会を奪っていったのである。したがって、預金あるいは銀行券の流通は、信用による貨幣金の代替原理を根本的な根拠としているとも言えよう。

　前段の論述で、資本主義経済の下では、貨幣金が信用貨幣である預金や銀行券に取って代わられていくことが理解できたのではないかと思う。ということは、信用の供与によって設定された債権債務は、貨幣資本としても機能するようになることを意味する。なぜならば、利子生み資本が成立した下では、貨幣は、資本として機能できる（可能的資本）というもう一つの使用価値を持ち、貨幣資本として貸し付けられていくからである。さらに、利子生み資本が成立している下では、資本として貸し付けられる価値額—供与された信用（債権債務）—は、すべてが利子生み資本の一形態として機能するようになるのであるから、貨幣の代替物として機能している信用貨幣もまた、利子生み資本として機能する可能性を持っているのである。

　このように、単純商品交換の段階では単なる貨幣の支払いの一時猶予—使用価値の譲渡と価値実現の時間的乖離—であった信用が、利子生み資本の運動に包摂され、その現実的形態となるのである。その結果、すべての信用供与が、その形態に関わりなく、利子率の変動の影響を受けるようになる。今この時点にも急速にすすんでいる金融革新の現状やさまざまな金融現象を、利子生み資本の運動の展開過程として分析しなければならない理由がここにあるといえる[8]。

　次章ではその基本問題を考えるために銀行資本の性格と貨幣供給の問題について触れていく。しかし、その前に、資本主義経済における信用の機能について個別資本の視点からみていこう

第4節　個別資本からみた信用の機能

　これまでは、信用取引をその本質（利子生み資本）と社会的機能（信

用貨幣の創出）という点から見てきた。本節では、個別の資本の面から信用の機能について考えていこうと思う。つまり、経済社会で個々の企業は、なぜ信用取引を行うのかを考えていくことにする。

その場合、次の二点がこの単元を理解する出発点である。第一に、前節でみたように、資本は利潤（剰余価値）を最大化するように行動する。そのことを前提とするならば、資本主義経済における信用の機能も、個別資本にとって利潤の極大化にどのように役に立つか、という視点から考えなければならないということである。そこで、本節では、この視点から信用の役割を見ていく。

本単元を理解するための第二の留意点は、信用取引には、とりあえず、商品取引（流通過程）において取り結ばれる信用と、銀行と企業あるいは個人とが取り結ぶ信用という二つの種類の信用取引があるということである。

前者は、**商業信用**と呼ばれる。本書のこれまでのところでたびたび触れてきた商業手形は、まずはこの段階での信用取引によって振り出される（生まれる）。この信用取引は、基本的には、たとえば製鉄会社と鉄工所との間の取引のように生産や商品流通の過程で何らかの関連があるから取り結ばれる場合がほとんどである。したがって、このような信用取引を**企業間信用**と呼んでいる。

後者は**銀行信用**と言い。この取引は、一般的には銀行（あるいは広く意味を取れば金融機関も）と企業ないし個人との間で取り結ばれる直接的な貨幣資本の貸し借りである。だからこの意味で銀行信用は本来的な意味での利子生み資本取引といえる。

(1)　商業信用とその役割

企業の利潤は、労働者が生産した新価値のうち剰余価値として企業の手元に残ったものである。したがって、利潤は剰余価値として生産の過程で生み出される。こうした生み出された剰余価値を含む商品が市場に出て行き（流通過程）、販売されることによって、価値が実現し、企業

は利潤を手に入れる。つまり、資本は、剰余価値を創造する生産時間と
その価値を実現する流通時間をへて再生産を繰り返している。

　資本が再生産を繰り返す過程のなかで、生産以外の過程（つまり、流
通過程）は、利潤（剰余価値）の生産には直接関わらない。例えば、商
品が市場で販売にかけられている期間や、在庫になっている期間は、商
品の価値実現という点では必要な時間だが、利潤の源泉である剰余価値
の生産にはかかわらない。言い換えれば、利潤の源泉である剰余価値の
生産という点からは、商品が在庫などで販売過程に止まっている期間は、
まったくの無駄な時間である。資本の価値増殖の視点からは、流通時間
＝ゼロで、再生産時間＝生産時間であるのが望ましい。投下資本量が一
定であれば、剰余価値を生産しない流通にかかわる資本を投下せずにゼ
ロにすれば、剰余価値は最大になるからである[9]。

　したがって、資本（企業）は、流通時間ゼロを目指していく（「流通
時間のない流通」）が、それを個別の企業（資本）の間で実現するのが
商業信用である。簡単な事例で考えてみよう。機能資本家 A，B の間で
A が商品を B に掛け売りし、商業信用が例えば毎月継続して行われる
としよう。すると、債務者 B は自らの商品販売の終わる以前に、掛け
買いで自らの企業の原料である A の商品を手に入れていることになる。
したがって、販売が終わる前に次の生産にはいることができる。信用取
引がなければ先に生産された商品が販売（価値の実現）されるまで、生
産にはいることはできない。

　通常であれば、こうした販売時間にかかるロス（例えば、生産ライン
の停止）を避けるために、原材料を仕入れる準備金を用意しておかなけ
ればならない（資本にとって追加的なコスト要因）。しかし、商業信用
（企業間信用）取引が行われた結果、原料仕入れのための準備金が節約
される。同時に、資本の回転期間は短くなり、利潤率も拡大する。つま
り、信用取引は、企業の資本（準備金）を節約し資本の回転速度を上昇
させることで、利潤の極大化を助けるのである。

(2) 銀行信用とその役割

　通常、商業信用が取り結ばれると商業手形（あるいは、約束手形）が振り出される。その手形は債権債務関係で結ばれた資本（企業）の間を裏書譲渡されながら、転々と流通していく。その手形がどこまでも流通し、最後に振り出した企業へ戻ってくれば、単なる債務証書（紙片）である手形は金や銀などの貨幣商品と同じ物として機能し、同じ物であると見なされた、つまり貨幣金の代わりをしたことになる（「絶対的に貨幣として機能した」）。この点は、本書のこれまでの部分で指摘した重要なポイントの一つである。このように商業手形が裏書譲渡で転々と流通していくということは、個別資本の目から見れば、自ら振り出した手形が貨幣の代わりをし、貨幣の必要量は小さくなり、あらかじめ用意しておかなければならない準備金も小さくなることを意味する。同時に、流通時間は縮小し（資本の回転数の上昇要因となって）、これらの面からも利潤率の上昇につながっていく。

　しかし、商業手形がいつまでも流通するとは限らない。手形を振り出した企業（さらには、個人も）はそれぞれ信用度が異なるからである。信用度の低い企業は手形を振り出しても受け取ってもらえないだろう。さらに、裏書譲渡しようにも譲渡先が現れないと言う事態が起こる。例えば、原材料の仕入れなどを恒常的に行っている企業間であれば、業務の流れが分かっているから手形を受け取ることにはそれほど抵抗感はない（この場合、手形取引をしている企業間同士は、再生産的連関の関係にあるという）。例えば、製鉄所と鉄工所や自動車メーカーといった関係や、製粉会社とパン製造の会社との関係などの関係を思い浮かべて貰えばよい。しかし、こうした関係が全くなく、掛け売りした商品がその後どのように処分されているかも分からず、さらには手形決済がどのように行われるのかわからないような企業間で手形がやりとりされることはないはずである[10]。

　前節でも述べたように、貸付られた価値額[11]が返済される確かさ、理論的言えば、資本の還流に対する信頼の大きさが信用度である。手形は

貸し付けられた債権の大きさを表している債務証書であるから、それが譲渡されていくかどうかは、その手形を振り出した個々の企業の信用度に依存する。言い換えれば、手形を振り出した企業の信用度によって振り出された手形の流通に限界が現れるのである。だから、企業はむやみやたらと手形を振り出すことはできない。したがって、どの企業も手形の決済や原材料等の仕入れのために準備金を用意しなければならない。同様に、掛け売りした企業（信用を与えた企業）も、貸し倒れに備えた資金を用意する必要がある[12]。取引規模が大きくなれば必要資金は大きくなる。だから、企業がこうした余裕資金を用意することはますます難しく、費用が嵩むことになる。こうして資本にとって商業信用の拡大には限界が出てくる。

　そこで、手形を受け取った企業（掛売をした企業）は生産を継続するために、自ら持っている商業手形（掛け買いした企業が振り出した手形）を、その支払い期日前に銀行に持ち込み、資金に換えてもらう。銀行は、この手形を担保に預金（自己宛債務）や銀行券（自行宛手形）といった信用貨幣を企業に渡す。企業は受け取った信用貨幣（預金及び銀行券）を決済手段として使い、必要な原材料等を仕入れたり、賃金支払いに充てたりして、中断することなく（流通時間を節約しながら）、生産を続けることができるのである。

　このように企業の持っている手形を引き受け、決済手段（資金）に換えることは、銀行から見れば、手形の引き受け日から手形の支払日（決済日）までの間、企業に資金を貸し付けたのと同じである。したがって、銀行は企業に対して手形額面満額を手渡すのではなく、引受日から手形支払日までの期間の金利を差し引いた金額を企業に渡す。したがって、銀行が企業の所有する手形を支払日前に引き受ける行為を、**手形割引**という。

　信用取引という点から見れば、手形割引は次のような意味を持っていると言える。商業手形は企業間で結ばれた信用取引（商業信用）を基礎にした、限られた範囲内でのみ通用する信用を表した私的な債務証書で

ある。したがって、その流通には限界があった。しかし、銀行がその手形を引き受ける（割り引く）ことによって、より流通性の高い決済手段である信用貨幣に振り替えられる。こうして企業は原材料等を滞りなく調達できるようになるのである。銀行が企業に提供する預金や銀行券は、企業が持っていた商業手形よりも信用が高く、流通性が高い。したがって、手形割引とは信用度の低い商業手形を、信用度の高い信用貨幣で置き換えた（代位した）行為と言うことができる。商業信用よりも高位にある信用は、銀行が提供する信用という意味で銀行信用という。そして商業信用は、銀行信用によって代位されているからこそその限界のなかでも取引が行われているのである。この意味で商業信用は銀行信用に支えられているということもできる。そして、銀行が提供した決済手段（信用貨幣）は、商業手形（商業信用）よりも決済手段として広く受け入れられている（流通する）ので、**流動性（liquidity）**[13]と呼ばれる場合もある。

　ここまでで商業信用と銀行信用という用語を使って個別資本における信用取引の特質を見てきた。次章では、ここで検討した銀行信用という概念を基礎にしながら、実際の銀行が資本としてどのような特徴を持っている企業であるのか、そしてどのような独特な性格を有しているのかを見ていこうと思う。

【註】

1　「前貸し」とも言い換えることができる。

2　ここで注意をしておきたいことがある。理論的に厳密に分析すると、図で示した資本の運動のうち最初のG－Wと後のW′－G′は、市場における商品の売買を表している（＝流通過程）。市場では等価交換（等しい価値での商品交換）が原則である。したがって、流通過程では価値が増加する（生産される）ことはない。価値が増加しているのは生産の段階（生産過程）で新たな価値が生産されたからである。

　生産過程では生産される新価値は利潤だけではない。それは生産が人間の労働によって遂行されているということを理解してはじめて解明できる。生産に従事した労働者は労働することによって、自らの労働力を消費し、その代わりに新たな価値を生産している。人間が労働することによってのみ価値は創造される。つまり、価値の実体は人間が生産過程で投下した労働時間である。

一方、資本主義経済社会において、労働者は企業＝資本に雇用されなければ、生きていけない。労働者が雇用されるということは、労働者の労働能力を意味する労働力を企業＝資本に販売することに他ならない。雇用という形で労働者は労働力を企業＝資本に販売し、生産に従事する（労働する）ことによって自らの労働力を消費していく。労働者は、生産によってまず自らの労働能力の消費分だけの生産物（価値あるいは商品）を生産しなければならない。労働者は自ら生産した生産物（価値ないし商品）を販売して実現した価値＝貨幣のうち自ら消費した労働力の価値の分だけ給与として手にしていることになる。このように考えてくると、給与は消費した労働力を回復する（再生産する）ための代価（労働力の価値）である。

　利潤の本質は、労働者が自らの労働力の代価（価値）を上回って生産した超過価値（これを剰余価値という）だと考えられる。したがって、生産過程で生産された新価値とは、労働力の価値と、労働者が労働力価値以上に働いて生産した超過価値（剰余価値）との合計である。通常経済学では、原材料や機械設備などは新たな価値を生み出さないので不変資本（konstantes Kapital）と言い、記号でCと記す。一方、労働者（正確には、労働力の価値）は、価値を生み出す資本なので可変資本（veriables Kapital）と言い、記号でVと表す。また、労働者が生産しながら企業＝資本の利潤になる価値を剰余価値（Mehrwert）と言い、記号はMである。したがって、ある商品の価値の構成は、$W = C + V + M$ と言うことになり、このうち生産過程で生産された新価値は $V + M$ である。この額を社会的に合計すれば、その社会がある期間に生産した新価値総額を捕らえることができる。

　また、ある企業＝資本にとって、どの程度の利潤を獲得することができたかを示す利潤率 P' は、$P' = M \ / (C + V)$ と表現できる。これは投下した資本 $(C + V)$ がどのくらいの剰余価値 M を獲得したかを意味しており、我々の目には利潤率という形で映るものである。（補論も参照してほしい。）

3　K. Marx, *Das Kapital III*, S.350（同上『資本論』第3巻、569–571頁）

4　K. Marx, *ebenda*, S.351（同上『資本論』第3巻、571頁）

5　「貸し付けられた資本は、その形態がどのようなものであれ、またその返済がその使用価値の性質によってどのように修正されようとも、つねに貨幣資本の一特殊形態にすぎない」K. Marx, *ebenda*, S.356（同上『資本論』第3巻、580–581頁）

6　「この章（資本論第3巻第5編第21章…引用者）では、本来の貨幣資本—貸し付けられた資本の他の諸形態はこれから派生している—だけを取り扱う」（K. Marx, *ebenda*, S.356（同上『資本論』第3巻、581頁）。

7　「信用」が私たちの目の前ではっきりとわかるように法的に表現すれば、債権債務関係という言葉（概念）になると言うこともできる。

8　本稿でこれまで検討してきた点については、信用を利子生み資本の形態と捉え、利子生み資本をその本質とする先行研究からの影響が大きい。山田喜志夫『現代貨幣論—信用創造・ドル体制・為替相場—』青木書店、1999年

9　『経済学批判要綱』では、資本の「流通時間のない流通」が指摘されている。「流通時間は、資本が価値を創造するためにかける時間ではなくて、生産過程で創造された

44

価値を実現するために費やす時間である。……だから資本の必然的傾向は、流通時間をもたない流通であり、そしてこの傾向は信用と資本の信用機構のとの基本規定である」K.Marx, *Grundrisse der Kritik der politischen Ökonomie*〔Rhoenwurf〕1857 - 1858（『経済学批判要綱』）

10　実際の商取引とは無関係に手形取引が行われることがある。それは、単なる資金繰りのために振り出される手形であり、投機のように経済をかく乱する行為を助長する可能性がある。このような手形を**融通手形**とか**空手形**とか言う。これに対して、実際の商取引（実需）に基づいて振り出される手形を**真正手形**という。これはアダム・スミス以来使われている用語である。

11　それは実際に貨幣で貸し付けられても、ここでの前提のように商品で貸し付けられても良い

12　一般に、「貸倒引当」という。マルクスは、これらの資金準備について次のように指摘している。「商業信用にとっての限界は、限界自体を考察してみれば、⑴産業資本家たちおよび商人たちの富、すなわち還流遅延の場合に彼らが自由に使用できる準備資本、⑵この還流そのものである」（K. Marx, *ebenda*, S.497：同上『資本論』第３巻、833頁）。

13　流動性について経済辞典等でその意味を調べておこう

第3章

補論：競争と利潤率の均等化

商品の価値構成

　商品の価格を決定する最も基本的な要素は、その商品を生産するのに使われた（投入された）労働の量である。商品生産に必要な労働量が多ければその商品の価値は高くなるし、逆に投下労働量が少なければその商品の価値は低くなる。価値の変化が商品の価格変動の第一要因である。

　商品の価値をさらに具体的に見ていくとどのような要素によって構成されているのだろうか。資本主義経済の下での商品の価値は、第一にその商品を生産するために必要な生産手段の価値によって構成されている。生産手段は価値を生産するのではなく、自らの価値を新たに作られた商品に移転するだけである。したがって、新たに生産された商品の価値は、一つには、移転した生産手段の価値によって構成されている。資本家から見れば生産手段に投下した貨幣額（価値額）も資本である。この資本価値額の部分は、新たに生産された商品に価値移転しただけなので**不変資本**（konstantes Kapital；記号では略して**Cと記す**）という。

　新たに生産された商品の価値は、不変資本の価値部分（生産手段の価値部分）の他に、生産過程で新たに付加された価値（新価値）部分で構成される。この新価値のうち一部分は賃金として労働者のもとへ配分される部分である。賃金として労働者にわたる部分は労働力という商品の対価である。企業に雇われる私たちが実際に労働をするからこそ、生産手段の価値を上回る新たな価値が付加された商品が生産されるのである。つまり、資本の側から見れば労働力の購入に充てられる資本額の部分は新たな価値を生産する資本という意味を持つ。そこで、新たに生産され

た商品価値のうち労働力の価値と等しい価値部分を**可変資本（variables Kapial; 記号では略してVと記す）**という。

　資本主義的な生産様式の下では労働者は賃金として受け取る以上に労働し、労働力の価値を上回る価値を生産している。商品を構成する新価値のうち賃金として配分されない残りの部分がこれである。つまり、労働者がみずから生産したにもかかわらず配分されずに資本家（ないし企業）のもとに残った価値部分である。これを**剰余価値（Mehrwert; 記号では略してMと記す）**という。この剰余価値が利潤の本質である。

　以上のことから、商品の価値（W）は、C + V + Mで構成されていることが分かる。

利潤率

　商品を構成する価値、W = C + V + MのうちC + Vは資本家（企業）にとっては利潤（剰余価値）を得るために費やされた費用部分である。したがって、商品価格を構成する価値のうち**C + Vの部分を費用価格**という。費用価格という概念が成立すると利潤の本質（剰余価値、M）は隠れて、見えなくなり、投下資本C + Vの果実のように見えてくる。剰余価値（利潤）の本質は労働者の超過労働を本質とするにもかかわらず、商品価値のうち費用価格を超える単なる価値の超過部分のように見えるようになる。費用価格という概念が生まれてくることで利潤という言葉も生まれ、商品価値（価格）C + V + Mは「費用価格＋利潤」へと変化するのである。

　投下資本に対する剰余価値の比率、つまり資本の価値の増殖度を示すのが利潤率である。

　利潤率（P′）＝ M／（C + V）

　また剰余価値Mは可変資本V×剰余価値率（M′ = M／V）で表現されるので、利潤率は次のように書き換えられる。

利潤率（P'）＝（V × M'）／（C ＋ V）

平均利潤率の形成

　資本主義経済社会では、利潤の極大化を目指して各個別資本（各企業）が激しい競争を行う。同じ部門の間では、個別資本（企業）の間で特別利潤の獲得を目指してより高い生産性を実現しようとする競争が起こる。こうした競争の上に、市場メカニズムを通じてある水準の利潤率が達成されるように商品価格が決まってくる。

　こうした資本間の競争は同じ部門の中だけではなく、より高い利潤を生み出す異部門への資本移動も引き起こす。近年では例えば、ソニーという家電メーカーが銀行を設立しことなどが挙げられる。

　さらに、労働者もより良い労働条件や高い賃金を求めて転職する可能性がある。資本主義経済が発展すれば、労働者は生産手段から自由であると同時に、職業選択も自由になっていくのだから、労働者の部門間移動もでてくる。このような労働力の部門間移動が自由に活発に行われるならば、どの部門においても賃金や一日の労働時間は等しくなる。結局、価値を生み出す労働時間と賃金部分が同一になる傾向にあるのだから、**剰余価値率 M′＝ M ／ V** は同一になる傾向を持つはずである。

　しかし、異なる部門間では、各生産部門に固有の技術的条件の相違や生産される商品の使用価値の相違によって、**ある一定の生産手段を使用する労働量の割合、つまり資本の有機的構成（C ／ V）**に違いが生まれるのが通常である。例えば、高炉という大きなプラントを持たなければならないが、しかし、人手はそれほど必要としない鉄鋼メーカーと、自動車のガレージで組み立てを行うことから始まったパソコンメーカー（組み立て作業をもっぱら人手に頼るメーカー）を想像し、比べてほしい。一般に重化学工業部門では資本の有機的構成が高く、軽工業では低い。したがって、各生産部門の商品がその価値どおりの価格で販売されるものとすると、各部門で剰余価値率が等しくなるはずであるが、利潤率は生産部門ごとに異なって現れざるを得ない（一定期間に一定の資本

が何回投資、回収されるかという、資本の回転数の問題はここでは無視する)。

　以上のことを表式で表せば以下のようになる。いま、A、B、Cの各生産部門（例えば、繊維産業や鉄鋼産業、あるいは自動車産業などを想像してほしい）があり、それぞれに100の資本が投下されているとする。各部門は資本の有機的構成の低い部門（A ＝60/40）と中位に位置する部門（B ＝70/30）そして高い部門（C ＝80/20）を代表している。また、各部門の剰余価値率 M′＝ M/V は100％とすると次のように各部門間で利潤率が異なることになる。

　A 部門　　60C ＋40V ＋40M ＝140　　　P′＝40％
　B 部門　　70C ＋30V ＋30M ＝130　　　P′＝30％
　C 部門　　80C ＋20V ＋20M ＝120　　　P′＝20％

　ところで、資本主義経済の下では資本家はより高い利潤率を求めて絶えず競争しているから、利潤率の低い部門の資本家は一部の資本を引き上げ、利潤率がより高い部門へと資本を移してより高い利潤を獲得しようとするだろう。異なった産業部門の間ではこうした資本移動を伴う競争が行われる。この部門間競争が自由であるかぎり、利潤率の低い部門から資本が流出し、この部門の商品供給が減少して価格が上昇する。逆に、利潤率が高い部門では資本が流入し、この部門の商品供給が増加し、価格は下落する。こうして利潤率の低い部門から高い部門への資本の流出、流入の動きと商品価格の変化が続き、各部門の利潤率が均等化するまでこの動きは続いていく。こうして各部門の利潤率が均等化（平均化）したところで資本流出入運動は止まる。結果として、表式は以下のようになる。

A 部門　60C ＋40V ＋30M ＝130　　P′＝30％

B 部門　70C ＋30V ＋30M ＝130　　P′＝30％

C 部門　80C ＋20V ＋30M ＝130　　P′＝30％

　この表式からわかるように A 部門の商品は価値以下の価格で販売され、B 部門の商品は価値通りの価格で販売され、C 部門では価値以上の価格で販売されるようになる。その結果、いずれの資本家も100の資本を投下して30の利潤を手に入れるようになる。こうして形成された利潤率が**平均利潤率**であり、利潤が**平均利潤**である。

　平均利潤が形成される社会総資本的（マクロ経済的）な意味は、つぎのところにある。平均利潤は、全生産部門で生産された総剰余価値90を各部門間に均等に配分したものにほかならない（90÷3＝30）。つまり、平均利潤は各部門内における剰余価値生産から直接に決まってくるものではなく、社会的総剰余価値の投下資本量に比例した均等配分として与えられるものである。

　平均利潤を形成するように成立する各部門の商品の価格が**生産価格**である。

生産価格＝費用価格（C ＋ V）＋平均利潤＝費用価格×（1＋平均利潤率）

　部門間の自由な競争が確立すれば、一般に商品価値は生産価格に転化する。各部門間の自由な競争が、資本の流出入という運動を通じて、投下される単位あたりの資本にたいしてどの部門にも均等な利潤（平均利潤）を生み出すような一定の商品価格（＝生産価格）を成立させる。こうして個別の商品価格が本来の価値から離れていく要因が生み出され、利潤の本質は表面的（現象的）に見えにくくなる。

第4章
銀行とは何か

　すでに冒頭に見てきたように、銀行や保険会社などの金融機関は、資金余剰主体と資金不足主体との間の貸借関係を仲介する機関＝間接金融機関という一面をもっている。一方、戦後日本の金融システムでは、もっぱら銀行が金融活動の中心を担ってきた。そこで、戦後の日本の金融制度の特徴を指して「間接金融優位の金融システム」と呼ぶ。それでは、なぜ戦後日本では、銀行を中心とした金融システムが発展してきたのであろう。逆に言えば、なぜその他の間接金融機関は戦後の日本の金融システムにおいて中核的な役割を担うことができなかったのだろうか。銀行は戦後日本経済の展開の中でどのような役割を果たしてきたのだろうか。

　この問いは、更に現在の金融システムの問題を考えることにもつながる。今日急速に進んでいる金融革新は、銀行の再編整理（吸収合併による都市銀行のメガバンク化と地方銀行のスーパー・リージョナル・バンク化など）をもたらした。こうした銀行再編の背景には、戦後銀行が果たしてきた役割の低下という経済条件の変化があると言われている。このように考えるとわかるように、「銀行の役割は何か」という問いに答えることは、現在の金融革新や金融再編の背景・原因や今後の動向を探る基礎理論的な答えを与えることにもなるのである。

　さて、間接金融優位の金融システムという特徴を考える鍵になるのが、マネー・サプライの問題である。周知のように戦後の日本経済は戦後復興を経て急速な経済成長を遂げてきた（高度成長）。**経済成長**とは、生産され、流通していく商品総額が大きくなること、つまり経済規模が大

きくなることである。経済規模が大きくなれば、規模が大きくなった分だけ経済取引を仲介するマネーが多く必要になる。資本主義経済社会ではこれは、生産活動の原動力となる貨幣資本がそれだけ多く必要になることも意味している。

　今見てきたことは、間接金融優位の戦後日本の金融システムの特徴から見ると一つの疑問を投げかけることになる。なぜなら、既に見てきた通説的な間接金融機関の定義からわかるように、単に一方の資金余剰主体のところにある資金を、他方の資金不足主体に貸し付けるだけでは、マネーが増えることはないからである。これでは、資金余剰主体の保有する資金よりも多くの投資需要（経済成長）がある場合にそれに対応する貨幣を供給することはできないということになる。それでは銀行はどのようにして、高度成長に応じて急激に増加した貨幣需要に対応する役割を担うようになったであろうか。「間接金融機関優位」でありながら、どのように戦後の金融システムは貨幣需要の増大に対応できたのであろうか。これが「銀行」の性格を考える本章における重要なテーマである。

　戦後日本の金融システムにおいて銀行がその中心に位置していた秘密を解く鍵も、現在の金融革新の諸相を分析するための鍵も、実はこの問題、つまり「間接金融優位のシステムにおいて貨幣供給はどのように行われているのか」という問題を解くところにある。結論を先取りすれば、**間接金融機関である銀行は、単なる資金の仲介機関なのではなく、貨幣の供給機関という性格を持っているのである。銀行の特殊性は、間接金融機関の役割を果たしながら、経済社会に必要な貨幣供給を同時に行っているところにある。**したがって、銀行の特殊性（すなわち、貨幣供給機関としての役割）が現代社会において変化してきたことが、金融革新の根本的な背景にあり、そのことを理論的、具体的に明らかにすることが経済学、特に貨幣信用論の分野では求められていると言って良い。以下では、こうした課題に迫る基礎理論を提供するために「銀行とは何か」という点を明らかにしていこうと思う。

第1節　貨幣取扱資本とペイメント・システム

　銀行は、営利企業であり、資本である。つまり、何らかの形で利潤を獲得し、それを再投資—資本蓄積—し、ますます多くの利潤を獲得するために営業活動を行っていく。このように銀行が資本である限り、どのような形で利潤を得ているのか、言い換えればどのような性格の資本なのかということを明らかにすることで、銀行という企業の本当の姿を捉えることができる。以下では、そのことを堅持しつつ、「銀行とは何か」ということを明らかにしていく。

　銀行の資本としての性格の第一は、すでに述べてきた信用の貨幣化と関係している。1981年6月の改正を基本にしている現行の銀行法では「銀行業」について法律的な規定を与えている。そこで銀行法における定義を出発点に問題を考えてみよう[1]。

　現行銀行法の第二条第二項では、銀行業を「次に掲げる行為のいずれかを行う営業をいう」として、第一に、「預金又は定期積金の受入れと資金の貸付け又は手形の割引とを併せ行うこと」、第二に、「為替取引を行うこと」と規定している。このうち、他の金融機関とは異なる銀行特有の業務とは何かと言えば、「預金」を受け入れ「為替取引」を行うことに他ならない。というのも、この業務を行うことができるからこそ銀行は、貨幣供給機関としてその独自性を維持できているからである。

　為替取引とは、「銀行が隔地間の資金の支払いないし取り立ての仲介すること」[2]を指す。例えば、遠方地の大学に進学した子供に生活費を送金する。あるいは、何らかの支払いのために会社ないし他人に送金する行為がそれである。また、取り立てについて言えば、ある銀行に持ち込まれた他行小切手の取り立てや、支払期日が来た手形の取り立てなどがこれに当たる。歴史的に見ると、送金取引は為替手形のやりとりのみで行われた。しかし、銀行システムが成立している近代的信用制度の下では、例えば、小切手のように預金口座にある預金残高を基礎にして振り出され、預金口座間の振替で最終的に決済される（小切手は預金振替

の指図書としての役割を果たしている）。その意味で、預金と為替取引は不可分の関係にあると言ってよい。

　銀行は、このような送金取引や決済取引あるいは取り立て取引などの決済業務を顧客に代わって行うことで手数料という収入を得ている。日頃私たちがATMや銀行の窓口で振り込み依頼をすれば手数料がかかる。これも同じように送金業務に関わる手数料である。この他に銀行は貸金庫などを提供し使用料を受けたり、両替を行って手数料を徴収し、収入としている。国や自治体などの代行徴収業務も同じである。

　小切手や手形の決済の大本である預金は当座預金である。銀行に預金をすれば利子がつくと考えている人にとっては、疑問に感じるかもしれないが、この当座預金には元々利子は付かない。それは決済用預金だからであり、銀行が自らコストをかけて構築したシステムが基礎にあるからこそ提供できるサービスだからである。また、決済性預金は日々決済のために激しく出入りしているから、銀行がその資金を運用するには期間的に短すぎると言う面もある。

　最近では珍しくなくなったが、銀行に預金口座を持つために口座維持手数料が徴収されるケースもある。銀行にとって見れば決済性預金を提供することは、コスト要因になるからである。歴史的に遡ってみると、金貨や銀貨が流通していたときには、貨幣金の保管のために金匠（Goldsmith）に保管料を払って預けていた[3]。それが銀行預金のルーツの一つと言われる。生身の金銀を自宅に置いておくには安全上問題がある。決済のために持ち運ぶにはコストがかかるというのがその理由だと考えられる。今日の口座維持手数料の経済理論的な意味ついては更に詳しく検討する必要があるが、一面においては、歴史的にみられた保管料の延長線上で考えられるかもしれない。

　さて、これまで述べてきた銀行の業務は、経済理論的に資本という面からみてみると貨幣取引資本の業務と定義することができる。貨幣取引資本とは、「産業資本および商品取引資本…の流通過程において貨幣が遂行する純粋に技術的な諸運動…を自分に特有な諸操作として営む」資

本である[4]。具体的には。貨幣の支払、出納、簿記、差額の決済、当座勘定の処理、貨幣の保管などの業務がこれに当たる。貨幣取引資本がこうした業務を行うことによって、資本は純粋流通費としての貨幣取引費用が節約される。貨幣取引資本は、こうした費用を節約することで、生産された剰余価値の一部を自らの利潤として受け取るのである（その具体的な形が手数料）。

　今日の銀行は、まずはこうした貨幣取引資本として業務を行っている。1990年代後半以降、銀行は手数料収入をその重要な収益源としてきている。すでに、述べたように口座維持手数料を徴収したり、小口硬貨への両替について手数料の値上げに踏み切る銀行も現れた。その一方、そうした手数料の見返りに24時間バンキング（例えば、24時間のATM稼働など）を行う銀行や、セブン銀行（旧IYバンク）に代表される決済専門に特化し、ATM利用料などの貨幣取引手数料の安さを売りにした新型銀行も登場してきている。こうした動向は、貸出が伸びないなかで銀行の貨幣取引資本としての側面が銀行にとっての重要な収益源の一つとして顕在化してきたものと評価することができる。

　銀行資本の貨幣取引資本としての性格は、次の点で更に重要な意味を持ってくる。商品取引が拡大すると、信用取引が拡大する。そうすると、債権債務が集中され、相殺され、信用が貨幣化することはすでに前章までで述べた。資本主義経済社会ではこうしたシステムを担うのも資本である。現実には、貨幣取引資本がこの役割を担う。貨幣取引資本は、個別機能資本の貨幣流通技術上の「操作を集中し、短縮し、簡単にする」。そして、「差額の決済を容易にし、またこの決済の人為的な機構によって、決済に必要な貨幣総量を減少させる」[5]。こうして、貨幣取引資本には債権債務が集中し、個別の商業信用では再生産的連関という面から限界があった債権債務を円環状に結びつけることができるようになる。結果として、債権債務の完全な相殺が行われ、全く現物貨幣（金貨や銀貨あるいは金地金）が現れなくても、信用が絶対的に貨幣となるのである（信用の絶対的貨幣化）。

貨幣取引資本は、①債権債務を自己に集中することで、支払手段としての準備金を極限まで減少させる、同時に、②貨幣取引業務を通じて預金の形態で、再生産過程から遊離している遊休貨幣資本（例えば、支払・購買手段の準備金、減価償却基金、蓄積基金等）を集中する機構を作り上げる。この二つの条件がそろうと、銀行と取引している顧客は預金の背後に一定の現金が存在しているかのように思うようになる。事実、私たちは日頃何の疑いもなく銀行やコンビニの ATM から現金を引き出せるので、いかにも預金の背後にはそれに見合った現金があると思いこんでいる。こうして、銀行が提供する預金（銀行にとっての債務＝信用）は商業手形などよりも一般に受け入れられる（＝「信用が高い」）ようになる。このことを理論的にみてみると、貨幣取引資本は、銀行信用という「より高次の『流通する信用形態』」[6]（具体的には、預金通貨と銀行券）を生み出す条件をそろえる資本である、といえるのである。

　さらに詳しく見れば、銀行の提供する預金がより高い信用として多くの顧客（預金者）に受け入れられるのは、貨幣取引資本としての銀行の業務によって、1）銀行への預金の絶えざる還流がおこるようになる（どこかの銀行から現金が引き出されても必ずどこかの銀行に再預金される（＝戻ってくる））、2）大部分の経済取引がシステム内での相殺によって決済される（＝現金の節約）という事態が起こるからであると言える。こうして、私たち預金者は、実際の現金の裏付けが無くとも、預金通帳への入金記帳のみで決済が完了したと認識するようになるのである[7]。

　さて、信用（預金や銀行券等）の通貨化を実際に支えているのが、債権債務の集中、決済であったが、これを実際に担っているシステムをペイメント・システムという。ペイメント・システムは、わたしたちが必要としている決済手段（預金や銀行券等）を空気や水と同じようなものとして機能させている。その意味で、**ペイメント・システムは「経済のインフラストラクチャー（社会資本）」**と呼ばれる。

　現在わが国におけるペイメント・システムには、手形交換所で行う手

形交換制度、内国為替決済制度（全銀システム）、外国為替円決済制度
―これらは民間で運営している―がある。いずれも、採算性が良く（安
価なコスト）で、効率よく利用でき、安全性の高いシステムが追求され
ている[8]。第2章で示した図表2－2の統計は、現在どのような形態で
どのくらいの決済が行われているかを示している。この統計から、いか
に多額の決済が預金を通じて行われているかがわかる。これとは別に、
銀行間決済のために日銀は日銀ネットを運営している。

　ペイメント・システムはいわば公共財であるのだが、実際には、民間
の手で収益性を重視しながら運営されている。これは、決済機構が貨幣
取引資本の業務の発展としてできあがったことからも理解できる。その
ため、絶えずコスト削減と効率性が求められている。

　グローバル経済へと視点に置き換えるとペイメント・システムが、資
本の論理の上で成り立つシステムであることがさらに明らかになる。そ
れは、国民経済と国民経済との国際通貨覇権をめぐる競争や、国際間の
資本間競争という形で顕在化する。

　現在世界の決済システムは、日本の決済システムの効率化よりも早い
スピードで効率化が追求されている。アメリカでは FRB（連邦準備銀
行）が世界最大の決済システムであるフェド・ワイヤー（Fed-wire）を
運営している。世界の9500の金融機関が利用し、1日平均49万件、1兆
7399億ドルの資金決済が行われている。このフェド・ワイヤーは21時間
30分稼働し、東京を含むアジア、太平洋諸国の取引もカバーできること
になった。これに合わせて、アメリカの民間決済システムである
CHIPS も稼働時間を拡大した。

　こうした動きの背景にあるのがユーロの誕生である。ユーロの誕生に
よって将来の国際通貨（基軸通貨）をめぐる米欧の覇権競争が予想され
る。ECB（ヨーロッパ中央銀行）が自前の決済システム（TARGET）
の更新を急ぐ理由がここにある。一方、ユーロ諸国内でもそれぞれの国
の経済運営における主導権争いがある。ECB の決済システムの更新の
動きが、決済システムの効率化をめぐるヨーロッパ諸国内の中央銀行間

競争に火をつけた形になったことがそのことを裏付けている。

　現在の世界経済では、国民経済として世界市場における競争に勝ち抜くために、国際通貨（基軸通貨）の地位を獲得し、覇権を握るための競争が熾烈になってきた。それは、ヨーロッパ共同体（EU）という統一地域を形成し、ユーロという統一通貨を誕生させた。その延長線上で、国際間の決済システムめぐる激しい効率化競争が行われている。そうしたグローバルな競争の一方で、統一したはずの地域内における経済覇権をめぐる競争が域内国同士の決済システムの効率化競争をよびおこしていることが興味深い。そして、こうした覇権競争は、貨幣取引資本の業務における収益獲得競争という資本の論理（効率化と収益拡大の追求）の下に行われていることが注意するべき重要な点と言える。

　90年代後半以降、日本銀行は超金融緩和政策を採り、2008年現在でもそのスタンスは継続している。この間、1999年2月から2000年8月まで短期金融市場金利を実質ゼロに誘導するゼロ金利政策を、そして2001年3月から2006年3月までいわゆる量的緩和政策を採用し、短期金融市場の資金需要を無視した資金供給を行ってきた。こうなると銀行はいつでもコスト・ゼロの資金を取り込むことが可能になるため、決済システムの効率化に関心が向かないと言われている。

　ここでいくつかの課題が浮かび上がってくるが、特に次の二点を指摘しておきたい。第一に、「円の国際化」についてである。すでに述べたように超金融緩和政策の下では、金融機関は基本となる決済システムを効率化しようとする問題意識が希薄になっていく。その結果、海外資本を含めた多くの企業が日本の（つまりは円を媒介とした）決済システムを利用しようとするインセンティブが働かなくなる。そうすると、円が国際的な決済手段として使われるようになるという「円の国際化」はかなり彼方の課題なのかもしれない。第二に、国内の個別銀行の状況について。国内ではそれぞれの銀行が貸出減少の中で収益源としての手数料収入に関心を向け、さまざまなコスト負担を顧客に求めている。逆に、金融緩和政策の下で金融市場での資金調達は超低コストで可能になって

いる。一方で収益源を求めて手数料の獲得に目を向け、顧客に負担を求めながら、資金の取り手としてのコストはゼロ近辺で資金を獲得する。これは一種の矛盾であるのだが、この矛盾が今後、日本の金融システムの動向にどのような影響を与えるのか。注目したい課題である[9]。

第2節　マネー・サプライと利子生み資本としての銀行

　銀行は、貸出を行って金利を稼ぎ出すことを主たる業務として営業している企業＝資本であることは論を待たない。銀行収益の中でもっとも高い比率を占めているのが金利収入であることがそれを端的に示している。その意味で、**銀行はもっとも典型的な利子生み資本**である。

　従来からの定説に基づけば、あるいは本書の冒頭で紹介した通説的な金融理論によれば、銀行は一方の手で余剰資金＝遊休貨幣資本を吸収し、それを他方の手で貸し出す（＝貸付可能な貨幣資本として運用する）、金融仲介業務を行う利子生み資本である、ということになる。

　しかし、すでに見てきたように銀行は自らの預金を決済手段＝信用貨幣として機能させることができる特殊な資本（貨幣取引資本）である。しかも、その信用貨幣は条件が整っている限り、100％の準備金（現金の裏付け）が無くても、つまり支払い準備の裏付けが無くともマネー（決済手段）として機能できる。そうすると、利子生み資本としての銀行、（言い換えれば、貨幣資本を貸し付けることによって利子を得る資本である銀行）は、一方の手で預金（貨幣資本）を受けるまでもなく、自ら無準備の預金を顧客口座に貸記してやることで、貸付を行うことができる。顧客側から見れば、現物の貨幣が無くても預金（口座の数字）さえあれば、口座の振替で諸支払いが完了するから全くの問題はない。人々は、銀行が貸し付けてくれた通帳上の数字の背後に、あたかも現物の貨幣が存在するかのように認識するはずである。

　このように、銀行は自らの信用（自己宛債務＝預金）を作り出す形で、貸付可能な貨幣資本を、したがって利子生み資本を生み出している。こ

れを**信用創造**という[10]。資本としての銀行は、信用創造を行う利子生み資本というもう一つの性格を持っている。つまり、**貨幣取引資本の業務を基礎にしつつ、信用創造を行い利子生み資本として機能しているのが銀行資本の本質**なのである。信用創造はあらたな信用貨幣（預金）の創出を意味し、これが社会全体への貨幣供給（マネーサプライ）になっている。つまり、銀行は貨幣供給機関でもある。こうして銀行は、他の金融機関とは異なり、貨幣供給を行うことができる唯一の金融機関という意味で「特殊な資本」なのである。

　ここで、銀行の貨幣供給のメカニズムを具体的な事例（モデル）を使いながら説明し、銀行資本の特徴を明らかにしていくことにしよう（補論の貸借対照表の見方も参考にしてほしい）。

　仮にいま、ある国にただ一行しか銀行が存在しないと仮定しよう。したがって、この国の決済手段は、ただひとつの銀行が提供する預金のみと言うことになる。ここである企業（A 企業）が新規の投資を考えているとしよう。企業は投資のための資金を銀行から借り入れる。このとき、この企業が借り入れるのは、この銀行が提供する預金のみである。現実の世界でも、借り入れを起こす企業は銀行から現金を借り入れるわけではない。預金は決済手段として機能するのであるから、現金でなくても預金を貸し付けてくれれば十分である。したがって、ここでの想定は決して突飛なものではない。

　さて、銀行は A 企業に預金を貸し付けるのであるが、この預金は銀行にとっての債務である。したがって、銀行が貸し付け（信用創造）を行うのは、この銀行が貸付金という債権を持つと同時に自ら預金という債務を負うことなのである（図表 4 − 1 を参照）。企業はこの預金を、商品を購入した先の企業に振り込んで（送金）、支払いを行う。こうして銀行の預金勘定の名義人が変更されるだけで様々な支払いが済んでいく。預金の名義が様々な企業や個人の間を回り回って、経済取引を仲介していく。そして、最終的に（例えば、自ら生産した商品を販売するなどして）、その預金が A 企業のところへ戻ってきて、A 企業名義の預金

になったとしよう。その結果、A企業がその預金で借入金を返済すれば銀行のバランスシート上の貸付金と預金は両建てで消滅する。

　以上のように**信用創造とは**、銀行が預金を創出し、それを貸し付ける過程であり、その結果、預金という銀行の債務（信用）が決済手段になることとして捉えることが出来る。ここで、そのプロセスの理論的な意

図表4－1　X銀行による信用創造とその後の預金の流れ

(1)　X銀行による信用創造（A企業への貸し付け）

X銀行 B/S

| A企業への貸付金 | 1,000 | A企業預金 | 1,000 |

(2)　A企業からB企業への500の支払い（預金振替による）

X銀行 B/S

| A企業への貸付金 | 1,000 | A企業預金 | 500 |
| | | B企業預金 | 500 |

(3)　B企業にわたった預金はその後、商品取引の繰り返しとともに持ち手を次々と換えていき、最終的にFの預金になる（例えば、C→D→E→Fなどなど）

X銀行 B/S

| A企業への貸付金 | 1,000 | A企業預金 | 500 |
| | | F企業預金 | 500 |

(4)　F企業がA企業の商品を購入し、預金振替で支払う

X銀行 B/S

| A企業への貸付金 | 1,000 | A企業預金 | 1,000 |

(4)　A企業が1000の自らの預金で借入金を返済して預金と貸付金が両建てで消滅する

X銀行 B/S

| A企業への貸付金 | 0 | A企業預金 | 0 |

味について整理しておきたい。

⑴銀行の信用創造過程とは、ある国民経済の資金需要に対して銀行が預金という資金を供給する過程である。私たちが耳にするマネーサプライとはこの過程を指している。

⑵銀行が貸し付けた預金は現金の裏付けがない。つまり、「無準備の預金」である。

⑶なぜ無準備の預金を貸し付けることが出来るのか。それは、銀行から預金が流出しないという条件があるからである。それでは、銀行から預金が流出しない条件とは何か。それは預金という債務が、貸し出しという債権を創り出す行為によって創造されたからである。つまり、貸借対照表の貸出と預金が絶えず見合っているということは、さまざまの決済がこの銀行内の預金振り替えで済むことを意味する。上で触れてきたごく簡単なモデルはそのことを示しているのである。

このことをさらに考えてみたい。銀行は、A企業に対する債権を担保にして債務である預金を創造したと言える。その預金は次々と持ち手を変えていく（預金名義が変わっていく）。何らかの理由で（例えば、商品を売って、その代価として）預金を手に入れた私たちは、マネーの代わりに銀行に対する債権である預金（銀行側から見れば債務）でもって、自らに必要な商品を手に入れる。つまり、自ら手に入れた債権の回収を別の商品を購入するという形で果たしたのである。このように元は銀行の貸借対照表上の貸し（債権）と借り（債務＝預金）が見合っていると言うことが、預金という債務が転々持ち手変換を繰り返しながら決済手段として機能していく根拠になっている。

後の章でも繰り返すが、このことは国民経済全体で見ても同じである。日本全国の銀行の貸借対照表を一つにまとめれば[11]、ここで示した単純なモデルに近づく。つまり、日本全国の銀行の貸借対照表を一つにまとめてみてみると、貸しと借りは絶えず均衡していることになる。以上、整理してみると次のように言える。国民経済へ供給される資金は、まず市中銀行による無準備の預金という信用の貸付によって創造される。そ

して信用システム全体をみれば、資金需給は均衡しているのである（「**貸借機構の基本原則**」）。

　さて、こうしたことが可能になる経済的条件とは何だろうか。それは銀行がＡ企業に貸し出した債権が資本の回転期間を過ぎれば、利子を伴って還流してくることが条件になる。もし、Ａ企業に貸し出した預金が資本として使われていかなければ、その預金が再び元に戻る条件は無いからである（第３章をみてほしい）。銀行が資金を貸し出すのは、企業がその資金を資本として運用していくからである。だから、銀行が貸し出した資金は、利子を伴って返済される（利子生み資本として運動する）のである。つまり、貸し出された資金が資本として機能し、価値および剰余価値が生産され、それが実現されるから、貸し出された債権は回収されるのである。預金という債務はこうした経済的条件があるから（経済的条件を担保として）、持ち手変換を繰り返していると言える。貸借機構の基本原則とは、貸し（資本の運動＝資本の還流に裏打ちされた資金需要）に対して、それに対応する借り（資金＝預金）が絶えず見合っているということを意味している。一般に、信用創造とは無から有を創り出す過程と言われる。なぜなら、事例からもわかるように、白紙の貸借対照表上にまったく数字だけの預金が生まれるのでからである。しかし、これまでみてきたようにそれはあくまで貸借対照表で起こっている表面的な現象を見ているにすぎない。しかし、その本質は、資本の運動、言い換えれば将来の価値生産と価値の実現への信頼に基づいて、債務（預金）を創出する過程といえるのである[12]。

　⑷それでは、銀行における金融媒介と信用創造との関係はどのようになっているのだろうか。なぜなら、銀行は間接金融機関なのであるから、表面的に見れば（現象をみれば）資金の余剰主体から預かった預金を資金の不足主体に貸し付けているようにみえるからである。

　しかし、結論から言えば、基本的にはまずは銀行が、企業や個人による経済活動（国民経済）から生まれる資金需要に対して預金を貸し付けなければ（信用創造をしなければ）、資金が供給されることはない。し

たがって、まずは銀行の貸し出し（信用創造）が先行し、それによって投資が起こり、所得が生まれ、その結果として貯蓄が発生する。これはここでのモデルを前提すれば分かるように、最初に創造された預金が持ち手変換をへて、資金の余剰主体の預金になったと言うことを意味する

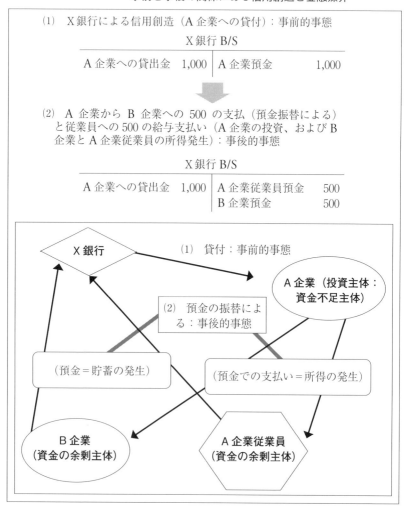

図表4－2　X銀行による信用創造とその後の預金の流れ
―事前と事後の関係にある信用創造と金融媒介―

（図4－2を参照）。資金の余剰主体の預金（貯蓄）の発生は、信用創造の結果だと言えるのである。

　このようにプロセス全体でみれば、信用創造と金融媒介の関係は事前と事後という関係であることが分かる。つまり、事前的に信用創造が起こり（貸出の先行、信用の利子生み資本化）、預金が生まれる。その後、貸付を受けた企業による投資等によって（支払いが行われ）、預金が転々と持ち手変換を繰り返し、資金の余剰主体が生まれ、貯蓄が発生する。言い換えれば、信用創造によって生み出された預金の持ち変化の結果が資金の余剰主体の預金なのである。結局、事後的にこうした事態をみると資金の余剰主体が預金をし、それを銀行が資金の不足主体に貸し付けているようにみえる。つまり、金融仲介が行われたようにみえるのである。

　このように考えてくると銀行の資本としての特殊性とその定義が明らかになる。すなわち、**銀行資本とは、貨幣取引資本であり、信用創造（貨幣供給）と金融仲介を同時に行う特殊な利子生み資本でもある。**

第3節　市中銀行の準備預金と中央銀行の役割

　これまでは銀行資本の性質や特殊性を見るために、ある国にたった1行しか銀行が無く、その銀行が提供している預金がその国の唯一の決済手段である、ということを前提に話を進めてきた。しかし、現実の世界では数多くの銀行が営業し、競争している。なぜなら、銀行業務は収益事業であり、利益が獲得できる分野であれば多くの資本がそこに参入してくるからである。そこで本節では、個別銀行資本が競争しているような現実の経済社会を想定して、銀行の行動を考察していく。そこで明らかにしておきたいことは、(1)銀行の準備預金とは何か、(2)銀行券はどのようにして私たちの手元に届くのか、(3)中央銀行の役割とは何か、ということである。

(1) 銀行の準備預金とは何だろうか

　まず、前節で見てきたことを整理しておく。今、ある銀行が企業の資金需要に応じて預金を貸し付ければ、その預金は、企業のさまざまな支払を通して他の経済主体の所得となってつぎつぎと持ち手が変わり、流通していく。貸し付けられたこの預金がこの銀行内に止まっている限り、また貸し付けた預金が最終的に返済されれば、問題はない。これが前節でのキーポイントであった。しかし、現実には複数の銀行が存在し、競争している。このような状態の場合には、貸し付けた預金が自行から引き出され、他の銀行の預金になるかもしれない。なぜなら、貸し付けた先の企業あるいは個人が取引した相手先（つまり、預金の支払いをする先）が、同じ銀行に預金口座を持っているとは限らないからである。

　ここで信用創造によって貸し付けられた預金が、貸付先の支払いによって他の銀行へ送金される事態が起こったとしよう。預金が流出するという事態がこれである。預金が流出した銀行にとって見れば、預金は債務であるのだから、引き出された預金に対応する資産（何らかの対価）を用意しなければならないはずである[13]。すでにみてきたように信用創造をしている段階では、銀行の貸借対照表の資産側の貸出金（債権）と負債側の預金（債務）とが両建てで増加している。この限りでは、債務である預金の引き出しには資産、つまり貸出金の取り崩しで応じるしかない。このことは貸出先に、例えば、現金での返済を迫ることを意味するが、現実にはこんな事ができるはずがない（貸しはがしをおこしているようなものであり、場合によっては契約違反を問われかねない）。そうすると、預金の流出（顧客による他の銀行への振り込み）に直面した銀行は、預金の引き出しに対応するだけの資産がないことになる。そこで、銀行は預金の流出に備えた資産（支払いのための資金）を持たなければならなくなる。この資産こそが、各市中銀行が中央銀行（日本であれば日本銀行）に持っている当座預金なのである。

　各市中銀行が日本銀行にもっている（開設している）当座預金口座は、各市中銀行にとって見れば預金流出の際の備えとして持っている預金な

ので、**準備預金**という。各市中銀行は、預金流出に伴う他の銀行への支払いをこの準備預金の振替でおこなうのである（図表4－3参照）。例えば、A銀行の顧客XがB銀行の顧客Yと何らかの取引（図では100という単位の商品取引）を行ったとしよう。この時、顧客Xが、自分の預金にある資金残高をB銀行に送金して（振り込んで）顧客Yに対して支払いを行ったとする。そうすると、顧客Xの預金口座から100という資金が引き落とされ（差し引かれ）、顧客YのB銀行預金口座に100という資金が振り込まれるのであるが、同時にA銀行からB銀行になんらかの資金（資産）が同時に移動しなければならない。とはいっても、A銀行からB銀行に現金輸送車が走り、両銀行間での決済が済むというわけではない。実際には、日本銀行にあるA銀行の当座預金口

図表4－3　XとYの決済取引がA銀行からB銀行への送金で行われた場合

⑴　XとYとの商品取引の前段階

A銀行 B/S				B銀行 B/S		
準備預金	1,000			準備預金	1,000	
貸出金	10,000	顧客X預金	10,000	貸出金	10,000	顧客Y預金 10,000

日本銀行 B/S	
	A銀行当座預金　1,000
	B銀行当座預金　1,000

⑵　XによるYへの100の支払いの結果

A銀行 B/S				B銀行 B/S		
準備預金	900			準備預金	1,100	
貸出金	10,000	顧客X預金	9,900	貸出金	10,000	顧客Y預金 10,100

日本銀行 B/S	
	A銀行当座預金　　900
	B銀行当座預金　1,100

座から B 銀行の当座預金へと100という単位の資金（ここでは数字）の振替が行われて、両銀行間での送金手続きは完了する。このように日本銀行の当座預金（市中銀行では準備預金）が銀行間の最終的な決済手段になっているのである。

実際には、手形交換所に代表されるペイメント・システムのよって銀行間の債権債務はかなりの部分が相殺され、残額が日本銀行の当座預金内の振替で処理される。いずれにしても、市中銀行間の資金支払い（債権債務残高）の最終的決済は、日本銀行の当座預金（市中銀行の準備預金、日銀預け金とも言う）を通して処理される。そこで、各金融機関は日本銀行に対して自行への預金の一定割合（預金準備率）を準備預金として持たざるを得ないし、また制度的にもそれを要請されている。これを準備預金制度という（第5章でも触れる）。

さて、日本銀行はどのようにしてこの準備預金を供給するのであろうか。日本銀行も銀行であるから銀行業務として日本銀行当座預金を市中銀行に提供する。もっとも典型的な方法は、日本銀行による市中銀行への貸し出しである。日本銀行は貸し出しという行為によって、市中銀行が必要としている準備預金（日本銀行当座預金）を供給している。つまり、日本銀行は市中銀行への貸し出し（債権）と日本銀行当座預金（債務）とを同時に増やすやり方で、市中銀行に準備預金を供給しているのである。これは紛れもなく、日本銀行段階での信用創造である（図表4－4を参照されたい）。

図表4－4　日本銀行の市中銀行への準備金の供給

A 銀行 B/S				B 銀行 B/S			
準備預金	1,000	日銀借入	1,000	準備預金	1,000	日銀借入	1,000
貸出金	10,000	顧客X預金	10,000	貸出金	10,000	顧客Y預金	10,000

日本銀行 B/S			
貸出金	2,000	A 銀行当座預金	1,000
		B 銀行当座預金	1,000

この日本銀行による市中銀行への資金（日本銀行当座預金＝準備預金）の供給は、現実には、日本銀行が市中銀行に貸し付ける（日銀信用の供与）か、公開市場操作で買オペレーションという操作によって行うか、あるいは外国為替市場で外貨（基本的にはドル）の買い介入を行う方法によって行なわれる。このうち前の二つの方法が基本となる。いずれにしても、市中銀行との間の通常の金融取引（資金の貸借）によって市中銀行の準備預金（日銀預け金）は供給される。つまり、日本銀行の資金供給は、市中銀行の資金借り入れの見合いになっている。言い換えれば、市中銀行の借り入れ需要があってはじめて、日本銀行は自らの資金を貸し付ける（供給する）のである。この意味で、日本銀行の貸し付け業務の本質は市中銀行とそれと異ならない信用創造のメカニズムなのである。つまり、日銀は市中銀行と同じように銀行資本として、その論理に沿って資金供給を行っていることが重要である。

(2)　銀行券はどのようにして私たちの手元に届くのか。

今日の発達した信用経済機構において創出された預金通貨は、銀行システムから流出しない限り、信用貨幣としてどこまでも流通する。しかし、現実には銀行システムから預金が流出する（債務が履行される）ことがあり得る。つまり、債務である預金が最終的な決済手段である日本銀行券（現金通貨）で払い出されるのである（例えば、ATMからの引き出し）。ところが、今まで考察してきたとおり市中銀行は、日本銀行券を発行できない。それでは、市中銀行はどのように日本銀行券を調達し、私たちの預金引き出しに対応するのだろうか。自明のことであるが、この世の中にたった一行しか市中銀行がないとすれば、その銀行は日本銀行券を唯一の発券銀行である日本銀行から手に入れる以外に、銀行券を入手することはできない。次に、日本銀行と市中銀行の接点は準備預金だけである。したがって、市中銀行は日銀にもつ自行名義の日銀預け金（準備預金）を取り崩すことでしか日本銀行券を手に入れようがないのである。

このことは銀行のバランスシート（貸借対照表）では次のようになる。市中銀行は自らの日銀当座預金（準備預金）を取り崩して日本銀行券を入手する。日本銀行の貸借対照表の貸方に記載されている当該銀行の日銀当座預金は日本銀行券が引き出された分だけ減額され、代わって貸方側に同額の日本銀行券が記載される（図表4－5を参照）。

市中銀行が、日本銀行券を調達するということが、経済理論的にどのような意味を持つかを日本銀行の貸借対照表で考えてみたい。市中銀行が日本銀行券を引き出した分だけ、その銀行の日本銀行当座預金口座残高が減額される（日銀の貸借対照表上の貸方側の金融機関準備預金の減額）。一方、その代わりとして貸方に日本銀行券が増額される（金融機

図表4－5　日本銀行券の引き出し

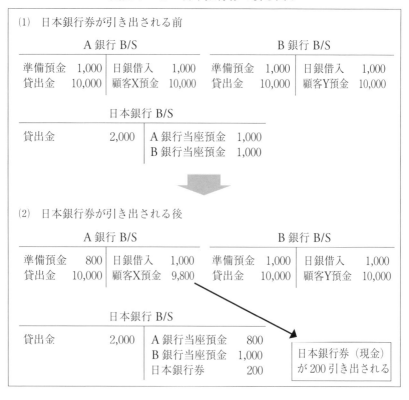

関当座預金の日本銀行券への転化）。ここからもわかるように、日本銀行券は日本銀行の債務であり、それは日本銀行が市中銀行へ与えた信用＝日本銀行当座預金（中央銀行債務の貸付＝信用創造）の振り代わりにすぎないのである。日本銀行券は日本銀行が市中銀行を通して私たちに発行した債務（自己宛債務）であり、基本的に信用貨幣なのである。

(3)　中央銀行の役割とは何か

　今まで見てきたとおり、市中銀行は預金という債務（信用）を決済手段として機能させることができる。だから、信用創造という特殊な方法によって経済社会に決済手段を供給すると同時に利子生み資本としての役割を果たすことができるのである。しかし、ここで市中銀行が創造した預金は無準備の債務であるという問題が残る。つまり、預金は債務であるから市中銀行は現金での引き出し要求がくれば、それに応えなければならないし、他の銀行への送金要求があれば何らかの対価を送金先の銀行に送られなければならない。このことこそが預金が市中銀行の信用であることを意味しているのである。ところが、市中銀行にはそれに応じる決済手段がないのである。

　それでは、預金の信用は何によって支えられていたのであろうか。すでに見てきたように、その第一は、預金が銀行の内部で振り替えられ、銀行の内部に止まっているからであり、それを可能にする資本の還流メカニズムが働いているからであった。言い換えれば、銀行から引き出されずに、決済手段として機能し続けていれば、預金の信用は保たれることになる。別の言い方をすれば、預金が信用であることが見えなくなっているのである。

　銀行預金の信用を支えるもう一つの重要な要素が、前項で述べた中央銀行の当座預金である。ある市中銀行が他の市中銀行に送金する場合の預金の対価は、日本銀行の当座預金であった。日本銀行の当座預金の振替で、市中銀行間の預金決済は完了する。市中銀行が日本銀行に持っている当座預金が市中銀行の最終的な決済手段なのである。この最終的な

決済手段である日本銀行当座預金が市中銀行の預金の信用を支えている。さらに、市中銀行にとってみれば現金である日本銀行券を入手するルートは、この日本銀行当座預金を取り崩す以外に方法はない。つまり、日本銀行券を入手するルートであるという意味でも市中銀行の信用は日本銀行当座預金によって支えられていると言える。

　さて、日本銀行当座預金も預金であるから、債務であり信用である。その一つの理由は、日本銀行当座預金が国民にとって現金（法貨）である銀行券に振り替わることが出来るからである。日本銀行券は、国民経済にとってみれば法的に保証された（「国家信用」を背後に置く）、最終的な決済手段である。さらに、この「国家信用」は、単に法的・制度的な意味でのみ支えられているのではない。国民経済の再生産的な条件もそれを支えているのである。そして、このことによって日本銀行は市中銀行に対して「より高次の信用」を提供できる立場を得ている。つまり、市中銀行の預金は日本銀行という銀行の信用（日銀当座預金）で支えられていることになる。日本銀行の信用が市中銀行の信用創造の基礎にあり、日本全体の預金システムとマネー・サプライのメカニズムを支えていると言える。この意味で、日本銀行が供給する準備預金と国民の手元にある日本銀行券との合計をハイパワードマネーとか、ベースマネーと呼んでいるのである。この点、第6章で日本銀行の性格を見ていくので、そこでさらに詳しく触れていきたい。

（まとめ）

　これまで本書では商品取引→信用取引→資本→銀行資本という形で、金融活動と銀行資本を考えてきた。そして、最終的に中央銀行の役割と中央銀行券の性格にまで展開した。本章の最後にこれまでの内容の中間整理をしておこうと思う。

　ここまでで指摘したい基本的な点は、次の点であった。単純な商品取引段階における信用と異なって、資本主義的信用は利子生み資本の運動に包摂され、利子生み資本の形態として機能するということである。そ

の基礎的条件は、信用の貨幣化と貨幣資本の利子生み資本化という二つの条件であった。銀行資本は、この二つの条件を自ら業務として展開する資本である。すなわち、銀行資本は貨幣取引資本と利子生み資本という二重の性格を持つ資本である。そして、前者の貨幣取引資本の業務を行うことによって信用の貨幣化を促進し、それを基礎に後者の利子生み資本の運動をすすめていく。その結果、銀行は無準備の債務である預金を貸し付けるという信用創造を行い、経済社会に貨幣を供給する。

　一般に、金融機関は資金の余剰主体と資金の不足主体との間の資金の貸借を仲介する機関と考えられているが、銀行資本の場合、金融仲介は信用創造の事態を事後的に見ているにすぎない。その意味で、通説的な理解は表面的な現象しか見ていないのである。通説的なとらえ方では、銀行資本が、信用創造と金融仲介を同時に行う特殊な金融機関であることが理解できない。

　貨幣供給から銀行券の発行までのプロセスを整理していこう。まず、銀行資本の貸付業務は、借り手の資金需要（借り入れ需要）が無ければ貸し出そうにも貸し出せない。また、経済活動が停滞しているときに、銀行はあえてリスクの高い貸出を増やすわけにはいかない。このように、経済社会に対する銀行の貸付（これこそが貨幣供給＝マネー・サプライである）の増減は、経済社会の動向に依存する。つまり、市中への通貨供給はまず、国民経済側での通貨需要（新規投資の発生）に対して市中銀行が信用創造を行う（預金の貸付）によって応えることから始まる。

　次に、市中金融機関は所与の預金量にたいして一定の預金準備を積む必要から、日本銀行からの借り入れ（中央銀行信用）を受け、日本銀行預金を持つことによってこの預金準備を充たす。市中銀行の預金が解約され、流出する場合、市中銀行は自行の日本銀行預金を取り崩し、日本銀行券を調達し、これに応じる。

　以上からことから、日本銀行券が、民間の資金需要→市中銀行預金→日本銀行預金→日本銀行券という受動的な経路で発行されることが理解できる。一見すると、経済社会に対する貨幣供給量は中央銀行によって

直接コントロールされているように見えるが、中央銀行も結局は銀行であり、銀行資本の論理に従ってその業務を行っている。

再生産的に見てもこの受動性は明らかである。すなわち、まず新規投資が起こり、新規需要が発生する。これに応えるかたちで市中銀行は信用創造によって自らの預金を貸し付ける。この行為によって預金が増大した銀行は不足した準備を補うために日本銀行信用を仰ぐ。貸付を受けた企業の投資によって新たな所得が発生し、預金が流通する。所得のうち個人所得になったものは日本銀行券で流出する可能性がある。

結局、日本銀行の市中銀行への貸し付け＝日銀預け金の供給と日本銀行券の発行（ベースマネーの供給）は、再生産的な条件に依存するのである。再生産的条件を景気循環という観点から見てみると、景気の上昇局面では、企業の新規投資意欲は高く、資金需要は高まるであろう。この場合、市中銀行は積極的に資金を貸し付ける（預金創造する）ので、準備預金が必要になり、日銀信用を仰ぐことになる。これがベースマネーの増加となって現れる。逆に、景気が悪いとき（不況期）には、企業の投資意欲は減退し、業績も下降するから、市中銀行の貸し付けも伸びていかない。したがって、市中銀行の日本銀行に対する借り入れ需要も生まれてこないから、日本銀行のベースマネー供給は増加しないだろう。

このように、貨幣は経済社会の再生産活動が自ら造り出すものということもできる。これを**貨幣供給の内生性**という。日本銀行の貨幣供給も経済社会の動向に依存しており、内生的である。本書は内生的貨幣供給論の立場から銀行資本や中央銀行の役割、そしてマネー・サプライの内容を考察してきたことを付言しておきたい。（内生的貨幣供給論に対して外生的貨幣供給論という考え方がある。本章補論４－２ではこの議論を批判している）。

【註】

1　現行銀行法は、1981年の改正以降、異業種による銀行への参入規制の撤廃を認めるなど、一部改正がおこなわれつつ、自由化の方向に内容が変化してきている。

第4章　銀行とは何か　75

2　日本銀行金融研究所『新版　わが国の金融制度』日本信用調査、1995年、306頁。

3　「中世以来金銀細工師として知られたロンドンの金匠のなかから、17世紀初頭には両替・為替業務を富裕層が台頭していたが、その有力者は1640年頃から安全な金庫に貨幣の預託を受け、さらに受託貨幣を貸し出す〈金匠銀行家〉(gold-smith-bankers)へと成長した」(関口尚志「金匠」『大月経済学辞典』大月書店、1979年、163頁)。

4　K. Marx, *Das Kapital III*, S.327 (同上『資本論』第3巻、530頁)

5　K. Marx, *Das Kapital III*, S.333 (同上『資本論』第3巻、540頁)

6　松本久雄『金問題と貨幣・信用論』金沢大学経済学部研究叢書3、1990年、228頁。

7　預金の貨幣化、ペイメント・システムなどここで触れた重要な概念については、吉田暁『決済システムと銀行・中央銀行』日本経済評論社、2002年の成果を基礎にしている。

8　わが国の決済システムについては、例えば、建部正義『はじめて学ぶ金融論［第2版］』大月書店、2005年、特に、80 - 92頁を参照されたい。

9　ここで触れた世界の決済システムと日本の決済システムの現状については加藤出『メジャーリーグとだだちゃ豆で読み解く金融市場』ダイヤモンド社、2004年、69 - 72頁を参考にした。

10　一般に信用創造とは、「本源的預金を受け入れてその乗数倍の派生的預金を創出する銀行の行動」と定義される。この定義では、銀行システムの外側からある銀行に対して現金通貨が預金され(＝本源的預金)、それが転々貸し出されていくことで、その乗数倍の預金(＝派生的預金)が生まれると考える。しかし、実際の信用創造は通説とは異なり、まず無準備の預金を貸し付けるところにある。同時にそれは、経済社会に対する通貨供給になっている。

11　全国銀行協会では、全国の市中銀行の財務諸表を「全国銀行財務諸表分析」という形で毎期発表している。その中で、全国の銀行の貸借対照表と損益計算書を一つにまとめた財務諸表を発表している。この資料は、全国銀行協会のホームページからも閲覧可能である。

　　全国銀行協会ホーム・ページ統計資料サイト：http://www.zenginkyo.or.jp/stats/index.html

12　「信用創造は無から有を創造する操作ではなく、将来の有を信頼(信用)してこれを先取りする操作である。この意味で、一方では信用創造は将来の再生産過程に対応した現実的基礎を有しており、将来の貨幣を先取りする」行為といえるのである(山田喜志夫『現代貨幣論—信用創造・ドル体制・為替相場—』青木書店、46頁、1999年)。信用創造についてのさらに詳しい理論的考察についてはここで挙げた山田著『現代貨幣論』の第2章を読んでほしい。

13　もっと直感的にイメージするとすれば、私たちがATMから預金を引き出す場合を考えて貰えばよい。私たちは預金を引き出すと同時に現金(銀行券)を受け取る。つまり、預金の引き出しには現金と言う資産がなければならないのである。ここではとりあえず現金を想定していないので、銀行券で引き出される場合の詳しい説明は後に行うことにする。

第4章

補論4－1：貸借対照表
（Balance Sheet: B/S）の見方

　貸借対照表は、損益計算書（Profit and Loss Sheet: P/L）と合わせて企業の業務内容や成績を表す報告書である。企業のお金の流れや業務実績を説明する文書であるから財務諸表と呼ばれている。ここでは、貸借対照表が意味することについて、本書を読んでいくのに必要な最低限の説明をしておきたい。

　貸借対照表はある一時点で企業がどのように資金を調達し、どのようにそれを資産として運用しているかを説明しているものである。おおきく分類すれば資金の調達には、自らの資金を用意する（自己資本）か、他人から借りてくる（負債）しかない。こうして集めたお金を何らかの営業のための財産の取得に振り向けているのである（資産）。そして、資金調達の面（負債と自己資本）と運用の面（資産）の合計額は絶えず同じ額になる（複式簿記）。実際には、負債と言っても色々な形で負債を負うことになる。例えば、借入金や社債の発行等々、様々な形態があるがそれぞれの方法（項目）でどのくらいの金額を調達したかを記録していく。自己資本や資産も同じ事で、様々な項目が書き込まれるのである。

　貸借対照表では、資金を調達する側（負債と自己資本）は右側（これを貸方（かしかた）と呼ぶ）に記入する。資金を貸してくれた方だから貸方である。逆に、資金を運用した方（資産）は、左側（これを借方（かりかた）と呼ぶ）に記入する。資金を運用した企業から見れば、運用している資金は様々な資産（資本と言っても良い）の姿（形態）を取って

いるのだから、資本として機能した後は回収されなければならない（第３章も復習してほしい）。見方を換えれば、企業が資金運用しているとは、自らが集めたお金（資金）一時的に貸しているのと同じである。つまり、資産となっているものは企業のお金を一時的に借りて、資産という姿をとっていることになる。だから、資産側を借方と呼ぶのである。

それでは、具体的に貸借対照表がどのように記入され、どのような意味を持つのかを見ていこう。

今、ある企業（個人でもよい）が100（単位は省略する。円だと思ってくれればよい）という自己資金を出し、さらに他の企業（銀行で良い）から借入金として100の資金をいずれも現金で調達したとしよう。A企業の貸借対照表は図１のようになる。この図は、A企業は自己資金100を自己資本として、B企業からの借入金（負債＝債務）100と共に200の資金を調達し、それを現金で持っていることを意味している。仮に、その現金200で商品を仕入れれば、図２のようになる。

次に、その商品を掛けでC企業に売ったとしよう。するとA企業はC企業に売掛金という債権を200持つことになる。その状態が図３である。あるいは、C企業から商業手形（約束手形）を受け取れば、図４のようになる。このように一方の債務で、受取手形という債権（資産）手にしていることがこの貸借対照表から理解できるであろう。

一般的には商品の販売には利益が上乗せされているから図２の商品が販売されれば、利益を伴って現金が回収されるはずである。ここでは利益を10％とすると、図５のようになる。この期に獲得した利益20がそのまま次期にも投資されれば次期には自己資本120として企業の活動が開始される。

このように貸借対照表はどのように資金が調達され（債務を負い）、どのように運用しているか（債権を持っているか）を示しているのである。この点をここで理解しておいてほしい。

ところで、商品がどのくらい売れたとか、その売上げを達成する業務にどのくらいの費用がかかったというようにある期間の企業活動の動き

第4章　補論4－1：貸借対照表（Balance Sheet: B/S）の見方　79

を記録しているのが損益計算書であり、企業の活動をその動きで捉えようとしているので、フローの概念で企業活動を補足する財務諸表だといえる。これに対して、貸借対照表はある一時点の債務（資金調達）の状態と債権（資金運用、言い換えれば資産あるいは財産）の状態とを示しているので、ストックの財務諸表と言うことができる。

《図1》

借方)	A 企業 B/S	(貸方
現　金　　200	借入金　　100 自己資本　100	

《図2》

借方)	A 企業 B/S	(貸方
商　品　　200	借入金　　100 自己資本　100	

《図3》

借方)	A 企業 B/S	(貸方
売掛金　　200	借入金　　100 自己資本　100	

《図4》

借方)	A 企業 B/S	(貸方
受取手形　200	借入金　　100 自己資本　100	

《図5》

借方)	A 企業 B/S	(貸方
商　品　　220	借入金　　100 自己資本　100 当期利益　　20	

第4章

補論4－2：通説的貨幣供給理論とその問題点

　本書では、内生的貨幣供給理論を軸にしながらマネー・サプライのプロセスをみてきた。しかし、現実には通説として外生的貨幣供給理論が広く受け入れられている。この理論は、古くはアービング・フィッシャーなどが唱えた貨幣数量説にさかのぼる事ができるが、近代になってフリードマンを中心とするマネタリストがもっとも強力にそれを主張してきた。今日、多くの近代経済学者がこの考え方を受け入れ、政策に反映させようとしている。近年日本銀行が採用した「量的緩和政策」の背景にも、この理論を基礎にする学者や政治家の強い要求があったのである。

　こうした現実を受けて本補論では、本書で展開した内生的貨幣供給論の立場から通説的な貨幣供給理論を批判する。そこでまずは通説的な信用創造理論とマネー・サプライ理論について触れていくことにする。

（フィリップスの信用創造理論）

　一般に、信用創造は次のように定義される。「銀行が、貸出などの信用供与を通じて、本源的預金の何倍もの預金を作り出すこと」。この公式を導いたのが Chester Arther Phillips. 1882－1976であるので、フィリップスの信用創造論とも言う。具体的には次のようにこのプロセスが説明される。

　銀行は預金を受け入れて、その一部（預金準備率分の資金）を準備として自行に残し、残りの資金を貸出し回す。貸出されたお金は支払いに充てられ、他人の手に渡る。その人は、次にそのお金を銀行預金する。銀行預金を受けた銀行ではそのお金の一部（準備率分）を残して、残り

の資金を貸出に回していく。こうしてこの金額は限りなくゼロに近づいていくが、このプロセスを経て預金は何倍もの大きさになっていくのである。

　具体的に数字でみてみよう。X銀行に100億円の預金がされたとする。準備率を10％だとすると、X銀行では10億円を準備として自行に残し、残りの90億円を貸し出す。貸出を受けて企業はその資金で支払いをするが、その支払いを受けた企業（ないし個人、家計）はその資金をY銀行に預金する。Y銀行では受け入れた90億円の預金のうち預金準備率である10％分の9億円を手元に残し、残り81億円を貸し出す。こうしてこの過程が無限に続いていき。その結果、最終的には銀行システム全体で1000億円の預金が生まれる。

　最初に預金された預金100億円を本源的預金と呼び、その後、貸出預金を通じてシステム全体で生み出された預金を派生的預金と呼ぶ。銀行システム全体では最初に預金された100億円すべてがシステム内のいずれかの銀行の支払い準備となるまでこの過程は続くと考えられている。

　この過程を算式で表せば次のようになる。

　本源的預金をHとし、預金総額をMとし、預金準備率をa（＝預金準備額／預金額）とする。

$$M = H \times 1 / a$$

　本源的預金Hは、その$1 / a$倍だけ総預金になっていく。この$1 / a$を信用創造倍率とか、貨幣乗数（ないしは信用乗数）と呼んでいる。

（通説的信用創造論への疑問）
　このように通説的な信用創造論ではある一定の本源的預金が供給されれば、自動的に銀行の貸出が始まり、信用乗数倍だけのマネーが生まれる（マネー・サプライの発生）と考えられている。例えば、次のように

説明される。

　中央銀行が、市中銀行への貸出や手形・債券の買いオペによって、ハイパワードマネーを供給したとする。次に、ハイパワードマネーの供給を受けた市中銀行は、一部を貸出に回し、残りを準備として残すことになる。貸し出された後の過程は上で述べたプロセスと同じである。つまり、中央銀行がハイパワードマネーを供給したことによって、市中銀行はその乗数倍だけの貸出を行い、マネーを作り出す事ができる。

　この説明でわかるように中央銀行（日本では日本銀行）が供給するハイパワードマネーが**本源的預金**となり、それを種にして乗数倍のマネーが私たちの手元（国民経済）に供給されるというのが、通説的なマネー・サプライの説明である。これによれば、中央銀行はハイパワードマネーの供給量をコントロールすることで、マネー・サプライ（一国の貨幣供給量）をコントロールできることになる。（ここで供給されたマネーは基本的には預金である。この預金は、本源的預金であるハイパワードマネーを種にして創られたので**派生的預金**と言う。）

　例えば、バブル崩壊後のマネー・サプライが急激に減少した際にくりひろげられたマネー・サプライ論争において岩田規久男氏が次のような主張を行った背景にある理論こそ、ここで触れてきた通説的貨幣供給理論である。

　「このところマネー・サプライが落ちてきているのは、日本銀行のベースマネーの供給が落ちてきているからだ1980年代後半のように資金需要があるときには、日銀が資金をどんどん供給する。今度は資金需要がないから、日銀はどうしようもないとする。それでは金融政策はありえない。日本銀行はベースマネー（ハイパワードマネー）によってマネー・サプライをコントロールできるはずだ。オーソドックスな一番標準的な金融やマクロ経済学の考え方だったら、そういうふうになる」（「討論、総括・マネー・サプライ論争　『初動因』は金利かベースマネーか」『週刊東洋経済』1993.3.13、P.64）。

（通説への疑問）

この通説的な信用創造論（貨幣供給供給理論）は、多くの研究者や政策担当者に受け入れられ、今日の金融政策決定の根幹をなしている理論といってよい。しかし、このテキストを読み進めてこられた読者であればお気づきのように、ハイパワードマネーである中央銀行当座預金（準備預金）は、中央銀行と市中銀行との間の銀行業務として行われる。中央銀行貸出によって市中銀行が準備預金を調達する場合、公定歩合という金利（コスト）を払って、無利子の中央銀行当座預金を受け入れる。言い換えれば、市中銀行にとってみれば、わざわざ公定歩合というコストを一方的に負担しなければならないことになる。したがって、資本である市中銀行はこうしたコストをかける以上、必要以上の準備預金の供給を受けるはずはない。つまり、市中銀行は資金需要がある場合にのみ中央銀行に準備預金の供給を受けにいく（中央銀行から借入をおこなう）。

この点から言えば、中央銀行のハイパワードマネーの供給は市中銀行の準備需要に対して受け身であり、直接に中央銀行の任意で供給量を増やせる訳ではない。市中銀行が準備預金を必要としなければ、中央銀行に資金を借りにくることはないから、中央銀行も準備預金（ハイパワード・マネー）を供給できない。このことは、本章の最後でも述べたようにマクロ的にみても言えることである。まずは国民経済（実体経済）の側で資金需要が発生し、それに対して市中銀行が預金を貸し付けること（信用創造）で応じる（マネー・サプライの増加）→市中銀行は信用創造した準備預金に対して準備率分の準備預金が必要となる（市中銀行における資金需要）→市中銀行はそれによって中央銀行から借入をして、準備預金（中央銀行当座預金）を調達する。このようにハイパワードマネーは受け身に供給されるものであって、決して中央銀行が自由に増やしたり減らしたりできるものではない。

確かに、事後的結果的にみれば、銀行の総預金額と準備預金額の関係は、通説的信用創造論が指摘するような算式（上記を参照）になる。し

かし、これは本源的預金 H →派生的預金 M という因果関係を示しているのではない。銀行行動の結果として現れる総預金額と準備預金額との関係を示しているにすぎない。通説的信用創造論は、表面的に現実の事態（現象）を算式として捉えているだけで、その本質（本当の因果関係）を説明できていないのである。真実は、通説とは全く逆の事態であることを理解してほしい。

　通説的マネー・サプライの理論では、貨幣乗数（信用乗数 1／a）が長期的に安定しているという点を持って「ベースマネー→マネー・サプライ」という経路の証明としてきた。しかし繰り返し述べるように、市中銀行にとってみれば、準備預金は中央銀行信用によって供給されるコストでありながら、利子を生まない遊休資金である。したがって、利子生み資本を運用して利潤を得る銀行資本にとって準備預金はできるだけ少なくする、つまり預金準備率規制の数値にできるだけ近い額で準備を積み上げるように努力するはずである。この場合、銀行にとっての合理的な行動とは、必要な準備額になるかどうかがはっきりしないうちに準備預金を積み上げることではなく、貸出額＝預金創造額の動きをみながら結果として必要な額を積み上げていくことであろう。したがって、こうした資金運用行動は結局、創出される預金＝貸出額を「ならしてみれば」準備預金の乗数倍へと近づくようにしていくはずであり、信用乗数の安定は、「ベースマネー→マネー・サプライ」という問題の命題とは全く別の事態を意味している。

　さて、これまで指摘してきたことは、マネー・サプライとハイパワードマネーとの関係が、市中銀行の信用創造を原因として、その結果として現れる中央銀行の信用創造という関係であると言い換える事ができる。そうすると、極端に言ってしまえば近代的な信用制度の下では、新規に供給されるマネーはすべてが派生的預金で構成されている、ということができる。これもまた、中央銀行のハイパワードマネー供給の受動性から捕まえられる特徴である。

第5章
金融市場の役割と種類

　本章のはじめに、前章の整理をしておこう。前章では銀行が信用創造と金融媒介を同時に行う特殊な金融機関であり、マネー（通貨）の供給機関であることをみてきた。市中の銀行が企業の資金需要に応じて無準備の債務の貸出を行う（信用創造する）ことによって民間の資金需要は満たされる。一般的には、銀行は預金を集めてそれを貸し出す金融機関（金融仲介機関）と見なされていたが、そうではなく、まず貸出を行うことによって預金という信用貨幣を創造する金融機関であることがわかった。

　次に、個別銀行にとって直面する問題は、貸し出した預金が、引き出されたり、小切手や手形の振り出し、あるいは振替、送金によってその銀行から出て行くことであった。銀行が創造した預金は無準備であるから、銀行から他行への預金の流出に対しては何らかの対価（資産）が必要である。しかし、市中銀行のどこを見回してもそれに類するものはない。そこで、銀行間決済をおこなう決済手段が必要となる。それが、日本銀行が市中銀行に供給する日本銀行当座預金（市中銀行からみれば準備預金）である。銀行間の資金送金の決済は、最終的には、日本銀行に市中銀行が開設している日本銀行当座預金勘定の振替で行われる。

　また、市中銀行から預金が現金で流出する場合も（わたしたちがATMから引き出すことを思いだしてほしい）、その現金は市中銀行が自らの準備預金から引き出して調達するほかはない。なぜなら、現金である日本銀行券を発行できるのは日本銀行だけであり、市中銀行はどこからも生み出すことはできないからである。そして、日本銀行の市中銀

行への準備預金供給は、日本銀行による市中銀行への貸出（信用創造）によって行われる。このように、市中銀行の信用（預金の信用）は、日本銀行の信用（準備預金）の供給によって支えられている。日本銀行は市中銀行が必要としている準備預金と日本銀行券とを供給し、市中銀行の信用を支えているという意味でも「銀行の銀行」なのである。

　以上のように、日本銀行は、市中銀行が預金創造（貸出）したことによって必要となる資金を供給していることを理解できたと思う。ところで、これまでは金融市場の役割を抜きに日本銀行と市中銀行の関係だけに着目して、銀行の特徴と日本銀行の役割とをみてきた。本章では前章までの議論を前提にして金融市場がどのような役割を果たし、どのような種類があるのかをみていこうと思う。

第1節　銀行における資金の過不足と短期金融市場の役割

　本節ではまず、銀行の資金の過不足とはどういうことなのか、という点から考えていってみよう。実は、この問題は次の疑問に答えることでもある。銀行は無準備の預金を創造し、それを貸し付ける（信用創造する）ことで、資金需要に応じることができるから、その限りでは、貸出す資金を集める必要はない。それでは、なぜ銀行員は預金集めをするのだろうか、という疑問である。

　（市中銀行の資金の過不足とはどういうことなのか）
　前章の前提に戻ってみよう。まず、この国にたった一行の銀行しか存在しないとしよう。この銀行は、無準備の預金を作り出す形で市中の資金需要に応じる。この限りでは、銀行の貸借対照表（バランスシート上）では債権と債務（貸しと借り）が見合っている。たった一行しか銀行がないため、すべての決済がこの銀行の預金口座の振替で済むために、この銀行からの預金の流出はない。その意味で、資金の過不足はない（図表5−1）。

図表5－1

借方	X銀行の貸借対照表（B/S）	貸方
貸出金　2100	A企業預金　1000	
⋮	B企業預金　　300	
⋮	C企業預金　　800	
⋮	⋮	

　次に、二行の銀行（A銀行とB銀行）と日本銀行だけが存在しているとする。A行とB行の資金決済は、両行が日本銀行に開設している日本銀行当座預金（準備預金）の振替で行われる。また、準備預金は日本銀行からの貸付で行われる。

　市中銀行A行およびB行が民間企業の資金需要に応じて貸付を行い、預金が設定されたとしよう（信用創造）。市中銀行は預金の引き出しに備えて、準備預金が必要となる[2]。日本では、1957年につくられた**準備預金制度**の下で、金融機関は、保有する預金の一定割合以上の金額を一定期間の間に日本銀行の当座預金に預け入れることを義務づけられている。したがって、資金需要に応じて無準備の預金を貸し付ければ（信用創造すれば）、かならず、預金の一定割合の準備預金が必要となる（こ

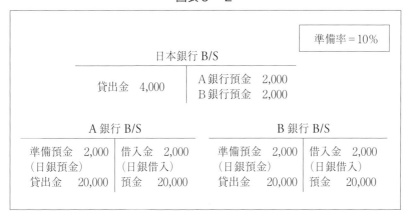

図表5－2

の点は後にまた出てくる）。その時に必要な準備額を**所要準備**という。

日本銀行は市中銀行の準備預金需要にたいして日銀当座預金の貸付（日銀信用の供与＝日銀段階での信用創造）で応じるから、図表5－2のようになる。この図からわかるように、日本銀行当座預金が追加されただけで、全体で見れば（マクロ経済的には）、債権と債務は見合っている（貸しと借りは見合っている）。つまり金融システム全体としてみれば、絶えず、貸しと借りは見合う構造になっている。このことはこのテキストで繰り返し指摘していることであり、金融市場の構造を理解する場合のポイントの一つである（前章で触れた「**貸借機構の基本原則**」）。この原則に従えば、銀行システムにとっての資金の過不足はない。

次に、個別銀行資本が競争しているような現実の経済社会の資金需給がどうなっているかを考える。現実の世界では個々の銀行は、優良な貸出先を求めて競争し、収益機会を探っている。したがって、自らの営業方針にあった貸し出し需要があれば、無準備の預金を貸し付けていく（信用創造）。ところで、今、ある銀行が企業の資金需要に応じて預金を貸し付ければ、その預金は、企業のさまざまな支払を通して他の経済主体の所得となって転々流通していく。貸し付けられたこの預金がこの銀行内に止まっている限り、また貸し付けた預金が最終的に返済されれば、問題はない。しかし、複数銀行が競争している状態の場合には、貸し付けた預金が他の銀行の預金になるかもしれない。というのも、貸出先の企業が支払った先の企業や人々の取引銀行が、自行であるとは限らないからである。つまり、個別銀行にとっては資金の流出と資金不足の可能性が発生する。先に述べたようにマクロ的には資金需給は均衡しているのだから、個別銀行の預金流出は他の銀行への資金の流入を意味している。というのも、預金の振替、送金を想定すればわかるように、どこかの銀行から流出した預金は、別のいずれかの銀行に流入するからである。そうすると、もっぱら預金が入ってくる銀行と、他方で流出する銀行が現れる。この結果、個別銀行間での預金の偏在が起こる。

預金が流出するということは、流出した銀行からは預金流出と同時に

対価である準備預金も流出することを意味する。預金とともにその見合いである準備預金が流出すると、その銀行の実際の預金準備率が低下する（図表5－3を参照）。もしその銀行の預金準備率が、政策的に決まっている法定の預金準備率を下回れば、その銀行は預金支払いのための準備金がないことになる。これが銀行にとっての資金不足である。後にも述べるが、日本銀行当座預金には金利がつかないから、実際には、市中銀行は法定準備率近辺に日銀預金残高を抑えるように努力する。したがって、預金流出によって資金不足になる可能性は高い。

　一方、預金が流入してきた銀行は法定準備率よりも多くの準備預金を持っている。さしあたり、これは日本銀行当座預金という無利子の預金の形で積まれている。これが銀行の資金余剰額である。銀行は資金を貸し出して金利を得る商売（利子生み資本）をしているから、金利を生まない日本銀行当座預金の形で余ったお金を積んでおくことは無駄であるので、何とかをこの余剰資金を運用しようとする。

図表5－3　図表5－2の後、A銀行からB銀行へ預金が流出した結果

準備率＝10％

日本銀行 B/S

| 貸出金　4,000 | A銀行預金　1,500 |
| | B銀行預金　2,500 |

A銀行 B/S			**B銀行 B/S**	
準備預金　1,500（日銀預金）	借入金　2,000		準備預金　2,500	借入金　2,000（日銀借入）
貸出金　20,000	預金　19,500		貸出金　20,000	預金　20,500

A行の預金準備率：
　　1,500/19,500＝7.7％＜法定準備率
→資金の不足

B行の預金準備率：
　　2,500/20,500＝12.2％＞法定準備率
→資金の余剰

（短期金融市場の役割）

　繰り返しになるが、マクロ的には（社会全体で）貸しと借りは一致している から、預金が流出した銀行の資金不足と流入した銀行の資金余剰は同額である はずである（前出図表5－3も参照されたい）。こうして、一方で預金が流出し資金不足に陥った銀行と、他方で預金が流入し資金が余剰になった銀行が現れる。資金が不足した銀行は借り入れをしてでも資金の吸収しようとするし、資金が余剰になった銀行は無駄な準備預金を積んでおくわけにはいかないので運用しようとする。この銀行間の資金調整は極めて短期間に、相当の頻度で行われる。銀行が、自らの資金調整のために利用する資金市場、すなわち銀行間の短期資金の需要と供給とを調整し、一致させるのが**短期金融市場**である。

　金融機関にとって金融市場（特に、短期金融市場）の役割は、このように金融機関の資金繰りを短期に調整するという役割を担っている。同時に、金融市場で成立する金利がそのときのマクロ的に見た資金の需要と供給状況を反映するのであり、金融活動のバロメーターになっている。つまり、短期金融市場は、国民経済の動向（例えば、景気の上昇、下降といった景気変動動向など）を、個々の銀行の競争の結果としての銀行の資金繰り状況を要因として変動する金利の動きで表していると言える。

　実際の短期金融市場は、電話回線で結ばれた閉じたオンライン市場であり、直接に銀行間で取引が行われることもあるが、通常は短資会社といわれる会社が金融機関の仲立ちをしている。後に見るように、短期金融市場は日本銀行（中央銀行）にとっては金融政策を行う直接的な操作ルートでもある。

（短期金融市場でも調整できない場合―日本銀行の出番―）

　これまで「貸借機構の基本原則」を前提にしながら、短期金融市場の資金調整の役割を見てきた。したがって、マクロ的に見て（銀行全体で見て）資金の過不足はないといえる。ところが、実際には銀行システム全体で資金の過不足が現れる場合がある。ここでは資金不足を中心に見

ていくことにする。

　経済が発展する（例えば、経済成長が起こる＝経済規模が拡大する）
ような場合、経済社会が必要とする通貨の量は増大する。今日の近代的
信用制度では、そうした通貨需要の増大は、まずは銀行の貸し出しによ
って応じられることになる（マネーサプライの増加）。例えば、景気上
昇の力が強く、どの銀行も資金需要に対して貸出増で応じるとしよう。
各市中銀行は貸出増（信用創造）の結果として準備預金を増やさなけれ
ばならなくなる（準備需要の増加）。どの銀行もそうした行動に出るの
で当然、システム全体で資金需要が高まるが、市中銀行の間では準備預
金を生み出すことはできない。この結果、銀行システム全体で資金不足
状態になる。

　この資金不足状態は、日本銀行が各銀行に準備預金を供給することで
のみ解決できる。日本銀行は、各銀行の資金需要に対して日銀貸出を増
やし、準備預金を供給する（日本銀行段階での信用創造）。もし、銀行
システム全体の資金不足が放置されれば、金融市場に一斉に金融機関の
資金需要が殺到するから、金利が高騰し、さらにはパニック的な混乱が
生じる。そこで、日本銀行はこの資金需要に対しては受け身で応じざる
を得ないだろう。

　資金不足状態のもう一つのケースが、銀行からの日本銀行券の流出で
ある。私たちが日本銀行券を銀行のATMから引き出すと、銀行のバラ
ンスシートはどうなるだろうか。それを示したのが図表5－4である。
この図では、A銀行から1000の銀行券が引き出され、B銀行から100の
銀行券が引き出されたことになっている。各銀行とも銀行券は準備預金
を取り崩して調達しなければならないから、日本銀行券が引き出される
と、準備預金が減少する。図でもわかるようにA銀行もB銀行も準備
預金不足（＝資金不足）に陥っている。銀行システム全体では準備率
7.5％で、マイナス2.5％（金額にして1100）の準備不足（＝資金不足）
ということになる。この額を日本銀行が供給しなければ、すでに述べた
ように金融市場は混乱する。

なお、銀行券が市中銀行から引き出されると、日本銀行の債務（貸方）の項目として日本銀行券が増加することに注目しておいてほしい。これは前の章でも述べた、日本銀行券が信用貨幣（日本銀行の債務）であることを示しているのである。

さて、ここで注目しておいてほしいことは日本銀行券が私たちの手元で増加すること（市中残高の増加）は、金融機関の資金繰りがきつくなることを意味し、金利上昇などの金融引き締め要因になると言うことである。一般に、私たちの感覚からすれば市中に出回る銀行券量が多くなることは金融緩和（金利が下がる）要因のようにみえるが、実はそうではなく、全く反対の事態なのだと言うことを理解しておいてほしい。

図表5－4

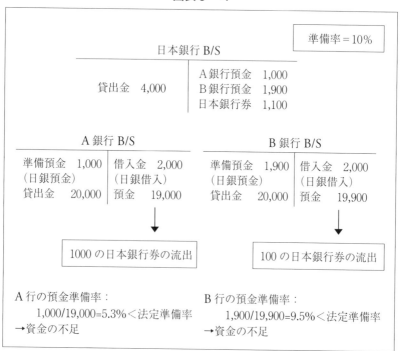

（預金獲得競争と信用創造の限界）

　これまでみてきたように銀行は、①金融市場での資金の貸し借りによる資金調整、②日本銀行による資金供給という二つのルートで必要な資金を手に入れることができる。しかし、もう一つ重要なルートがある。これまで述べてきたことを思い出してほしい。銀行は無準備の預金を創出し、それを貸し出す形で利子生み資本として運動している。銀行が資金不足になるのはその預金が銀行から流出するからである。つまり、自行に預金が留まっていれば、資金不足に陥ることはない。また、他行から預金が流入してくれば、その額は余剰資金となり、運用可能になる。

　銀行にとってみれば、家計等から預けられた預金は最も低い金利で調達できる資金である。その一方、金融市場や日本銀行からの資金調達は、一般的には、預金よりも高い金利を払わなければ調達できない（高コスト要因）。したがって、無準備の預金を創造した銀行は、その預金を自行にとどめようと営業活動を展開するばかりではなく、さらに預金準備率を守るための準備預金の確保に向けて預金の獲得に走る。銀行員が預金を集めるのはこのためである。一般に、私たちは銀行が貸付資金を確保するために預金を集めると考えがちであるが、むしろ逆で、無準備の預金を貸し出したが故に預金獲得競争を行う、といった方が実情に近いと言えよう。

　こうして考えてくると、貸出と預金とを（債権と債務とを）両建てで増やしていくからといって、個々の銀行が預金通貨を無制限に貸し出す（信用創造）できるわけではないことがわかるであろう。銀行にとって信用創造の限界は、①貸し付けた貸出金がきちんと回収できるかどうか。②貸し付けと共に創造した預金がどの程度自行にとどまるか、③無準備の預金を創出したことによって必要となる準備預金の調達可能性、④銀行が必要とする資金（準備預金）の調達コスト等によって規定されるのである。銀行は、自らの営業体力（すでに述べた資金吸収力や貸出先の質と量などによって決まってくる）の限界を超えて信用創造（貸出）を増やしていけば、必ず資金調達能力に限界が現れ、高金利（高コスト）

96

による資金調達に迫られる。この結果、収益力は低下し、最悪の場合、破綻への道を歩むことになるのである。市中銀行の信用創造の限界はこうして決まってくるが、それがどのような経済条件（再生産的な条件）に左右されるかは重要な研究課題であろう。

第2節　金融市場の種類

　本節では、どのような金融市場があるのかについて簡単に紹介することにしよう（図表5−5も参照されたい）。

　金融市場を最も簡単に定義すると、「資金の貸出、調達を行う場であり、金利というシグナルによってその需給関係が調整される市場」ということなる。こうした広い定義を受け入れば、金融市場は私たちが銀行窓口で借り入れをしたり、預金をしたりする場合も、金融市場での取引と言うことになる。窓口などで銀行員と面と向かっていろいろな相談を行って金融取引を行うことを**相対取引**（あいたいとりひき）という。

　しかし、普通ニュースなどで金融市場という言葉を聞いた場合、そのときの金融市場とはもっと狭い意味の金融市場を指す。そのような金融市場は、広く不特定多数の経済主体（個人や企業や金融機関）が参加して、競争によって金利その他の取引条件が決定される市場を言う。そのような市場は、証券取引所のように特定の建物を指す場合もあるが、資金のやりとりをする市場は、特定の建物が存在するわけではなく、電話回線で各金融機関を結んで行われている空間を指している。

　金融市場でやり取りする資金はお金であるので、質的に相違があるわけではない。だから、一つの市場でよいように思うが、取引される（貸し借りされる）資金の期間の長さや金額、取引条件（担保など）によっていくつかの種類がある。一般には、期間の長さで区別しており、取引対象の金融資産が1年以内か、それよりも長いものかで、短期金融市場と長期金融市場に分けられる。

（短期金融市場）

　短期金融市場は、日々の資金繰りの調整を行うなどの目的で金融機関のみが参加するインターバンク市場と企業（事業法人）などの非金融機関も参加するオープン市場に分けられる。

　インターバンク市場には、金融機関が絶えず手元に持っておかなければならない資金や、準備預金の過不足を調整するコール市場と、手形売買市場がある。金融機関が一時的に余裕な資金ができればコール市場で運用（放出）する。これをコールローンという。コールローンよりも少し長めの資金運用では、手形売買市場での手形の購入（買入手形）も行われる。逆に、資金を調達しなければならない金融機関はコール市場からの資金を借りる（資金の取り入れ、コールマネーという）。同様に、やや長めの資金の取り入れでは、手形売買市場で手形の売却（売渡手形）で資金調達される。

　インターバンク市場での取引は通常、短資会社が仲介して行われる。短資会社は金融機関同士の仲介を行う、専門の仲介業者である。コール取引には、担保付きの有担保コールと、担保のない無担保コールがある。手形売買市場で取引される手形は、金融機関以外の企業が振り出した優良な商業手形を担保として金融機関が振り出す手形（表紙手形）を売買する市場である。

　オープン市場には取引される金融商品によっていくつかの種類がある。まず、金融機関が発行した譲渡性定期預金証書（CD）を取引する市場が、CD市場である。この市場は基本的に金融機関の資金調達市場であり、企業の資金運用市場になっている。

　債券現先市場は、買戻し条件付きで売却（資金調達）する売り現先と、債券を売り戻し条件付きで購入（資金運用）する買い現先とで行われる金融市場である。債券の売買のようであるが、実態は債券を担保とした資金の調達運用市場である。資金運用を行っているのは、官公庁、地方公共団体、信託銀行などが中心である。

　TBとは短期国債のことで、TB市場とは、1986年（昭和61年）に国

債多様化策の一環で発行され始めた期間の短い国債を取引する市場である。FB は政府短期証券のことを言う。一般会計によって発行される財務省証券と、特別会計（外国為替特別会計、食糧管理特別会計）によって発行される、外国為替資金証券と食糧証券で構成されている。外国為替特別会計で発行される外国為替資金証券は為替介入資金を調達するために発行される。

　CP（コマーシャルペーパー）は、信用力のある優良企業が発行する約束手形を取引する市場で、金融機関の資金運用市場として利用されている。

図表５－５

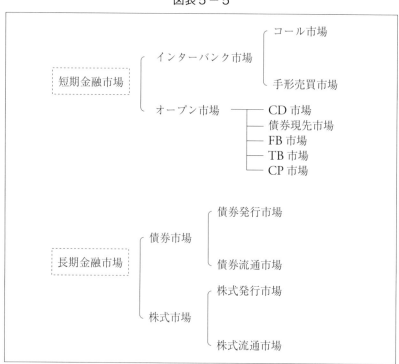

（長期金融市場）

資本市場ともいう。債券と株式を取り扱う二つの市場がある。この市場の機能や課題については本書の中心的課題ではないので、ここでは簡単に紹介することにとどめる。

債券は、発行主体によって、公共債（国債、地方債、公社・公団債）と、金融債、事業債に分かれる。近年では銀行で公共債を売買できるようになっている。発行されている債券の大半は国債である。債券流通市場は、償還期間の間、債券を売買し、債券保有者の流動性を確保するための市場である。債券流通市場は、国債の大量発行を背景に急速に拡大した。

一方、株式市場は企業が発行する株式を取り扱う市場で、発行市場と流通市場に分かれる。私たちが日頃ニュースなどで目にし、耳にする株価は、流通市場で成立した価格である。

株式とは企業にお金を出資したことを示す証券である。株主は、持ち株数だけ株主総会の議決を持っているので、企業を支配していることを示す支配証券でもある。また、企業が儲かればそれだけ配当を受けることができるから、配当請求証券ということもできる。いずれにしても企業の資金調達に重要な役割を果たしている（エクイティ・ファイナンス）。

【註】

1　準備預金制度の対象となっている金融機関は、銀行や一定規模以上の信用金庫など預金取り扱い機関である。

2　義務付けられる預金に対する準備預金の割合のことを**預金準備率**あるいは**支払準備率**という。また、前章でも触れた通り、その時に必要な準備額を**所要準備**という。

第6章

中央銀行を考える—その性格と独立性—

　前章までで、今日私たちが使っている銀行券が、①どのような性格のものであるのか（理論的にその性格を規定する＝本質をつかまえる）、②どのように発行され、③どのようにして、どのような場合に増えたり、減ったりするのか、といった問題を考えてきた。その中で、中央銀行がどのような役割を果たしているか、また中央銀行と市中の銀行との関係がどのようになっているのか、ということもある程度は理解できただろう。本章では、これまでの分析を前提にしながら、①中央銀行とはどのような性格の銀行なのか、また、②今日問題になっている中央銀行の独立性とは何か、さらに、③なぜ独立性が問題になるのかについて経済理論の視点から考えていくことにする。

第1節　中央銀行とはどのような銀行か

　はじめに、私たちが高校までで習ってきたことを思い出しながら中央銀行の性格を考えてみよう。一般に言われているように、中央銀行は三つの性格を持っている。銀行券を唯一、独占的に発行することができる「発券銀行」という性格、銀行との間で資金の貸し借りを行なう「銀行の銀行」、政府の預金の取扱や委託業務を行なう「政府の銀行」という三つの性格が指摘され、「発券銀行」としての性格が一番目に取り上げられる。

　これらは極めてオーソドックスな金融論で触れられている中央銀行の性格である。しかし本書では、中央銀行の第一の性格として、「銀行の

102

銀行」という性格から取り上げていくことにする。

　（銀行の銀行としての中央銀行）

　前章までで見たように、中央銀行は市中の銀行に対して、金融機関の
間の決済手段である中央銀行当座預金（例えば、日本銀行当座預金）を
提供している。市中銀行はこれを準備預金として銀行間の最終決済を行っ
ったり、そこから中央銀行券（例えば、日本銀行券）の引き出しをする。
市中銀行にとってみれば中央銀行当座預金＝準備預金は、最終的な決済
手段であり、銀行券の供給を受ける窓口である。

　中央銀行にとって準備預金は債務であるが、同時に金融政策の手段で
もある。市中銀行は自らの銀行業務である資金の貸出（信用創造＝信用
の利子生み資本化）をおこなう結果として、最終的な決済手段としての
準備預金を持たざるを得ない。言い換えれば、市中銀行にとって中央銀
行が提供する預金（準備預金）は限界的な資金であり、中央銀行は限界
的な資金供給者である。前章までで述べたように、中央銀行は第一に、
市中銀行の銀行行動の結果としての資金需要に対して、まずは準備預金
の貸付（中央銀行信用の供与＝信用創造）でそれに応えていく。これ以
外に、金融市場から国債などの債券や手形を購入することによっても
（これを買いオペレーションという）、資金（中央銀行当座預金）を市場
と金融機関に供給する[1]（次章でも触れる）。こうした債券や手形の売
買は貸出業務と同じように、市中の銀行も資金の運用や調達のために行
っている。つまり、中央銀行は自らの銀行業務として市中銀行の資金需
要にたいする資金（例えば、日銀当座預金）の供給を行なっているので
ある。市中銀行にとっての限界的な資金が中央銀行の銀行業務を通じて
供給されていくことに注目してほしい。

　この点を社会全体から（マクロ的に）みてみると次のように指摘でき
る。社会全体の資金需要の増加に対して市中銀行が貸出によって応じた
場合、市中銀行は追加の準備預金が必要となる。しかし、準備預金を供
給できる金融機関は中央銀行以外には存在しない。つまり、中央銀行は

社会的に見ても限界的な資金供給者なのである。その意味で、中央銀行は市中銀行にとって**「最後の貸し手（the lender of the last resort：LLR）」**といえる。繰り返しになるが、この最終的な決済手段の供給は、中央銀行自らの銀行業務であるという点に注意が必要である。

次章で見るように中央銀行は、金融機関の最終的な決済手段を供給できる（限界的な資金供給者＝最後の貸し手）という立場を利用して金融政策を行ない、短期金融市場金利をコントロール（誘導）する。同時に、限界的資金の供給者としての中央銀行は、もう一つの責務を負うことになる。その責務とは、信用秩序の維持という責務である[2]。社会的に必要な追加的資金需要（増加した必要通貨量）は、中央銀行が供給する以外にないのは言うまでもない。したがって、必要とされる資金を供給しなければ過度の信用収縮（クレジット・クランチ）[3]や最悪の場合、金融機関の破綻をまねくことになる。したがって中央銀行は最終的には、社会（あるいは金融市場）が必要としている資金を、それが充たされるように供給しなければならない。

さらに、中央銀行は、金融危機に際してより積極的に、短期金融市場に追加的な資金供給を行なう。金融機関の取り付け騒ぎなどの極端なケースを考えれば想像がつくように、金融危機（例えば、貨幣恐慌）に際しては、多くの金融機関は急速に資金が必要となる。各金融機関の預金は無準備の債務であり、預金者は自らの預金を守ろうと預金の引き出しにかかるからである（これを、銀行への「取り付け」という）。また、そうした事態にまですすまなくても、短期金融市場で信用不安が広がると、市場に参加している金融機関は疑心暗鬼になり、短期金融市場への資金供給を躊躇するようになる。一方で、金融不安から資金の需要が高まり、他方で資金の供給が押さえられるので、短期金融市場では金利が高騰する。こうした状況を沈静化させるため中央銀行は資金供給を積極化する[4]。

さらには、コンピュータ・システムのダウンによるシステミック・リスクを回避する目的や、破綻した銀行を救済する目的など、信用秩序の

104

維持のために無担保、無制限に融資を行なう場合がある。日本銀行法では、第37条と第38条にこの内容が規定されている[5]。このような信用秩序維持のための融資業務も、中央銀行の**最後の貸し手機能**である。

ところで、資本主義経済社会で資本という経済主体は、利潤の追求を第一の目的として経済活動を行う。利子生み資本をその本質する銀行資本もまた、利潤（より具体的には利子）の獲得を第一義に業務を行なっていく。経済活動が活発になり、景気が良くなれば商品の売れ行きは良くなる（価値実現が進んでいく）。このような状況では投資した資本は、利潤を伴って順調に回収されていく（資本の還流の円滑化）。こうした経済状態を背景にして銀行資本はますます貸出を増やしていく。今日の信用制度の下ではそれは信用創造による貸出の増加、つまり信用の膨張として現れる。このことが過度に進めば、景気の過熱と市場価格の騰貴がおこる。資本主義経済の下では市場活動の行き過ぎが、信用によって引き起こされる（信用の暴走性）。最終的には、例えば、バブル経済のような事態を引き起こし、その後の強制的な市場の収縮による調整が待っている。これが信用制度の秩序を乱し、最悪の場合は銀行券の流通に支障をきたすことになる。中央銀行は、こうした信用制度の混乱を避けるために、市場の暴走の結果である物価の騰貴や経済活動の行き過ぎをコントロールする責務も負っている。

このように、中央銀行が「銀行の銀行」とされているのは、中央銀行がその業務として市中（国民経済）に必要な資金を供給しているばかりではなく、信用システムの安定と維持という責務も業務の一環として担っているからである。

（発券銀行としての中央銀行）
中央銀行は、唯一最終的な支払い手段としての銀行券を発行できる金融機関である。このことをさして「発券銀行」の機能という。わが国の場合、日本銀行法（1998年全面改正）の第46条において日本銀行券が「法貨として無制限に通用する」と規定されている。なお、私たちが日常使

っている硬貨（100円や500円など）は、政府が鋳造、打刻し発行する。硬貨は政府の責任と権力に基づいて発行されているので、通貨として流通している。これを**強制通用力**に基づく通貨の流通という。しかし、政府が発行する硬貨はその流通について、額面の20倍までと制限されている[6]。日本銀行券のように無制限に通用する通貨を**無制限通貨**、逆に後者のようなもの（硬貨）を**制限通貨**という。

　すでに第2章で取り上げたように、中央銀行券は基本的には中央銀行の発行する手形＝銀行手形である。したがって、その本質は中央銀行の債務であると言える。政府は、中央銀行券という債務を法貨として、すなわち、国民の最終的な決済手段として（法的に）追認している。金本位制では、国民の経済活動の結果として生み出された預金の振り替わりとしての中央銀行券の債務性が、中央銀行における金との交換（＝兌換）によって保証された。その上で、政府が法的に中央銀行券を無制限通貨として認めることによって、銀行券の信用を補強していたと言える。

　発券銀行としての中央銀行の機能は、政府から法的に最終的な決済手段の発行を認められたことによって付与された機能である。しかし、現在どこの国の中央銀行も銀行券と金との兌換は行なっていない（管理通貨制）。そうすると、銀行券の債務性はどのように担保されていると言えるのか。わが国の場合、旧日本銀行法では第32条において、日本銀行が日本銀行券の発行高と同じかそれ以上の、「十分に安全かつ健全な」発行保証物件（金、銀、手形、貸付金、国債等その他債券、外貨資産）を保有することを求めていた[7]。この規定は、資産の質的な健全性を維持することによって債務である銀行券の信用を担保しようとした規定といえる。

　しかし、1998年に改正された新日本銀行法ではこの規定は無くなり、適正な金融政策と財務の健全性を維持することによって「日本銀行券の無制限通用力を確保するという考え方が採用され…、日本銀行券は名実ともに信用だけで発行される」[8]ことになった。この場合、銀行券の信用はどのように維持されているのだろうか。中央銀行券が信用貨幣であ

る一つの根拠として、銀行券の弁済性とそれによる中央銀行への還流があることは第2章で詳しく述べておいた。中央銀行券は、中央銀行の信用創造によって創られた中央銀行当座預金（＝準備預金）が振り替わったものである。その後、市中の銀行から引き出された中央銀行券は購買手段として使われ[9]、次々と持ち手が変わっていく。そして、最終的にはいずれかの市中銀行に預金される。市中銀行はそうして回収した銀行券を中央銀行に預金する（中央銀行券の中央銀行への還流）。仮にこのようにして集めた預金が、その銀行にとっての余剰な準備預金となったとしよう。そして、次にその市中銀行が中央銀行への返済にその預金を充てたとしよう。そうすると、準備預金は借入金と両建てで消滅する（言い換えれば、中央銀行にとってみれば、自行の債権である貸出金と、債務である金融機関預金（準備預金）の両方が消滅する）。このような貸付と還流というメカニズムが機能していることが中央銀行券の信用貨幣性を支えているのである。

　ところで、何らかの理由で物価が騰貴するような事態がおこったらどうなるであろうか。例えば、物価が持続的に上昇し、元の水準に戻らないような状態を想定してみよう。このような状態を**インフレーション**という。金本位制の時であれば、兌換が停止され、価格標準が切り下げられるとインフレーションが発生する。なぜならば、価格標準が切り下げられれば、一単位の銀行券が代表している金量が減少するので、銀行券の購買力はそれだけ減少し、逆に、物価は全般的に上昇する。結局、物価水準は上昇したまま元には戻らない。これがインフレーションである。しかし、兌換が維持されている限り、価格標準は維持されているから、インフレーションは起こらない。

　管理通貨制の現代では金と銀行券との兌換が停止され（不換制）、法制的な価格標準も存在しない。したがって、銀行券がどのくらい減価しているかははっきりとわかるわけではない。また、兌換が停止されているので、いつでも価格標準が切り下がる可能性がある。管理通貨制になって物価が恒常的に上昇し、インフレーションがビルト・インされるよ

うになったと言われるのも、兌換が停止され、事実上の価格標準が切り下がっているからだと考えられる。

　さて、インフレが発生し、全般的な物価上昇が進むと銀行券の所有者は、継続的な購買力の減少を被ることになる。言い換えれば、中央銀行に対する債権（中央銀から見れば債務）が踏み倒されていることと同じである。銀行券は減価しながら、持ち手を変え、最終的には中央銀行に還流するかもしれない。しかし、それは正しい意味での還流ではない。なぜならば、中央銀行から発行された銀行券の価値（事実上の代表金量）は少なくなって戻ってきているのだから、価値通りの還流ではなく、「減価した還流」である。この結果が物価の全般的な上昇と一般庶民の生活苦へとつながっていく。言い換えれば、インフレーションを通して私たちの購買力が収奪されることで、「還流できなかった価値部分が処理された」ということになる。

　こうした物価上昇（インフレーション）が続けば、最終的には銀行券そのものへの信用が失われ、通貨制度と経済社会は混乱に陥る。このように、今日における中央銀行券の信用とは、銀行券の価値が減価（＝購買力が喪失）せずに中央銀行に銀行券が還流してくることだと言える。つまり、中央銀行は、自らの銀行券（債務）の信用を維持するために、物価を安定させる義務を負っているのである。中央銀行を「**通貨の番人**」あるいは、「**インフレ・ファイター**」と呼ぶのはこのためである。中央銀行は、自らの債務である銀行券を最終的な支払手段として発行できるが故に、物価の安定（銀行券の信用維持）をしなければならないと言える。

（政府の銀行としての中央銀行）

　中央銀行の第三番目の性格は、政府の銀行としての性格である。政府の銀行としての中央銀行の機能は、金融面での政府の代理人としての機能である。その役割を具体的にみてみると第一に、政府に預金を提供し政府活動に伴うあらゆる出納業務の代理を行う（国庫金の出納業務という）。政府が行う支出がこの預金を通して行われると同時に、納税され

た税金もこの預金勘定で管理される。一国の経済活動における政府の役割は戦後格段に大きくなり、支出規模も拡大した。我が国の予算規模も2007年現在でも80兆円を超える規模になった。こうした大規模な支出は、各省庁を通じて支払われる。また、歳入規模も大きくなっており、政府の出納業務は相当に膨大な量と額になっている。中央銀行は、こうした国庫金の受払を政府預金として計算整理するとともに、官庁別・会計別区分にしたがって集計・計理を行い、各官庁との照合を行う。また、国が受入れた有価証券の受払・保管も行っている。中央銀行は、金融機関に最終的な決済手段である中央銀行当座預金を提供していると同時に、政府という巨大な経済主体の決済業務も担っている。

　わが国の場合、国庫金管理は法令によって日本銀行が政府の肩代わりをしている。こうした業務を法令委託業務という。日本銀行が政府から付託された法令委託業務には国庫金管理以外に、国債事務、証券保管等の事務、外国為替関連事務がある。これらが政府の銀行としての第二の役割である。国債事務とは、国債の発行、償還、利払いなど国債発行によって発生するあらゆる事務をいう。

　一国の対外取引の最終的な結果は、その国の外貨準備の増減となって現れる。政府は外貨準備を使って外国や国際機関との対外取引をおこなう（例えば、IMFへの拠出など）。中央銀行は、こうした政府の外国との取引によって発生する邦貨と外貨との交換などの外国為替関連業務も委託されている。わが国の場合、政府の外貨準備が管理されている外国為替資金特別会計に発生する円貨と外貨の交換、受け払いの事務を日本銀行が行っている。さらに、この会計を通じて行われる外国為替介入（＝外国為替平衡操作）も日本銀行が財務省の指示によって行っている。

　政府の銀行としての第三の役割は、中央銀行による政府への資金の貸付（信用供与）がある。わが国の場合、財政法（1947年）の第5条が、「すべて、公債の発行については、日本銀行にこれを引き受けさせ、又、借入金の借入については、日本銀行からこれを借り入れてはならない…」と規定し、同条の但し書きに示された国会の議決を経た「特例国債」以

外に原則的に日本銀行による政府への貸付を禁止している。しかし、上で述べた外国為替介入のための資金や、国庫金の出納上必要な一時的な資金の調達のための短期国債の発行は認められており（財政法第7条）、日本銀行もこれを引き受けている。1998年の新日銀法では、これにあわせて政府に対する限定的な信用供与が認められることが規定された（改正日本銀行法34条）。

第2節　中央銀行の独立性

　1998年に日本銀行法が改正された。この法律改正を機会に論点の中心になったのが、中央銀行の独立性である。改正日銀法も日本銀行の独立性を高めたところにその特徴があった。中央銀行の独立性とは、直接的には政府からの独立した存在としての中央銀行の姿を言う。本節では、最初に日本銀行の法人としての特徴に触れると同時に、他の国の中央銀行の組織がどのようになっているのかを概観し、その次に中央銀行の独立性について考えていくことにする。

　（中央銀行とはどのような金融機関なのか）

　わが国の中央銀行である日本銀行は日本銀行法に基づく法人（行政庁の許可を要する「許可法人」）であり、政府と民間から資本金の出資を仰いでいる。資本金は1億円であり、その55％を政府が出資し、残りは民間からの出資である。出資者には配当を受ける権利が与えられているが、株主総会などはない。したがって、発行された証券は株式とは異なり、出資証券である。なお、日本銀行の出資証券はJASDAQ市場上場銘柄であり、ジャスダック証券取引所で売買されている。

　日本銀行は、設立当初は株式会社であった。しかし、戦時下の1942（昭和17）年にナチスドイツの中央銀行法にならって制定された旧日本銀行法で、国家政策に資する国家機関という色彩を強くもった金融機関として位置づけられた。すでに述べたように、1998年に改正日本銀行

110

法が施行され、旧日銀法の精神は払拭され、その独立性が高められた。

　近代的な中央銀行の祖であるイングランド銀行（イギリスの中央銀行）は、1694年に株式会社として設立された。設立時には、国債の管理者となり政府への貸付を通じて財政的な支援を行なう機関（「政府の銀行」）としての性格をもっていた。しかし、イングランド銀行はもう一つ、シティの[10]重要な金融機関としても発展していった。この役割の展開によって「最後の貸し手」としての地位を確かなものにしていく。このようにイングランド銀行は二つの経路で発展していったと言える。アダム・スミスも『国富論』において、イングランド銀行が「普通の銀行としてだけではなく国家の偉大なエンジン」として活動したと述べている。1945年に国有化されたが、1997年金融政策委員会がつくられ、政策運営上の独立性が付与されることになった。

　アメリカでは全米を12の地域に分け、各地区それぞれを担当する**連邦準備銀行**（Federal Reserve Banks）が設立された。さらに、各銀行を統括する**連邦準備制度理事会**（Federal Reserve Board）が設置されており、こうした組織全体を指して**連邦準備制度**（Federal Reserve System）という。連邦準備銀行の頂点に立つのは連邦準備制度理事会議長である。一般には、こうした全体を指してアメリカの中央銀行とし、「連銀」（英語では the Fed）と呼んでいる。アメリカでは政府は連銀の株を所有していない。各地域の連邦準備銀行は、各地域の金融機関が共同出資した、株式銀行という性格を持っている。

　ところで、マルクスは、中央銀行の性格について次のように述べている。「たいていの国では、銀行券を発行する主要銀行は、国家的銀行と私営銀行との<u>奇妙な混合物</u>として実際にはその背後に国家信用（Nationalkredit）をもち、その銀行券は多かれ少なかれ法定の支払手段である…」（K. マルクス　資本論第 III 巻第 5 編25章）。中央銀行の成り立ちを考えるとき、中央銀行が単なる国家の機関として成立したのではなく、民間からの出資も受け入れた「普通の銀行」としての性格を持っ

第6章　中央銀行を考える　111

ていた。その意味でこの指摘は注目すべきポイントであろう。

（中央銀行の独立性とは何か）

　中央銀行が政府の干渉を受けず、自らの責任と判断で金融政策を行なう立場にあること、これが**中央銀行の独立性**である。1998年の改正日本銀行法では、第3条において「日本銀行の通貨及び金融の調節における自主性は、尊重されなければならない」と明記されている。その上で、日本銀行の政策を決定する政策委員会の権限が強められた。日本銀行の金利政策の変更や日銀特融の発動など日本銀行の金融政策決定は、政策委員会に与えられている。政府委員はこの政策委員会の正式メンバーではなく、オブザーバーである。政府委員は必要なときに政府の判断で出席するが、意見を表明し、議決の延期を要請するだけである。金融政策の発動は、最終的には政策委員会の議決で決定される。また、政府が日銀役員を解任する権限はなくなり、日本銀行の政府からの独立性が高められた。

　イギリスでは、労働党政権が誕生した直後の97年5月6日、ブラウン新蔵相がイングランド銀行のジョージ総裁へ書簡を送った。そこで、政策金利決定権をイングランド銀行に移管する新しい金融政策の枠組みが示された。これにより同行の政策委員会（MPC）は重みを増した。会合はあらゆる投票も含め記録され、6週間後までに発表されている。一方で、ブレア政権はプルーデンス政策をイングランド銀行から移管させ、金融政策の目的が物価の安定にあることを明確化した。

　FRBとアメリカ政府との間にも、一定の独立性が保たれている。例えば、FRBの決定に対して政府の許可を受ける必要はない。また、FRBの業務運営について政府によって公式に承認される必要はなく、その経費は自らの収入で賄われる。理事の任期が14年とかなり長いことなども独立性の担保としてあげられる。歴史的に見ると、アメリカは第二次大戦中から軍事支出拡大で国債発行が拡大、累増し、国債価格の下落圧力（金利の上昇）がかかっていた。この状況下で、FRBは、政

府に協力し国債を市場から購入し、国債価格支持政策をとっていた。しかし、1951年に FRB は政府とアコード（協定）を結び、国債価格支持政策を廃止した。この協定で、財務省と FRB との役割分担（財政と金融の役割分担）が明確になり、FRB の政府からの独立性が高まった。

このように、中央銀行の独立性（政府からの自立）と、物価安定を第一義的な使命とした金融政策の遂行は、現代経済において多くの了解が得られていると言える。それではなぜ、中央銀行には独立性が必要なのであろうか。

中央銀行はその設立当初から政府と密接な関係を持っていた。イングランド銀行が政府への貸付を行なうと同時に発券独占の権利を得たことは既に述べた通りである。このような関係のために中央銀行は、政府からしばしば圧力をうけたり、あるいは国策遂行の一翼を担わされたりしてきた。特に、戦時体制下において中央銀行は、政府の軍事財政を金融の面から支える役割を果たすようにしむけられてきた。戦時下につくられた旧日銀法はその典型を示すものと言えよう。

しかし、人類の長い歴史を見てみると、時の権力者が自らの国策遂行（例えば、軍事的な行動）のために貨幣発行の権利を乱用するときに、インフレーションの引き金が引かれ、経済社会が多大な混乱に巻き込まれている。第二次大戦中の日本においても日本銀行は多くの軍事国債を引き受けさせられ、軍事財政を金融の面から支えた。しかし、その反動として戦中戦後のハイパーインフレが起こり、多くの国民大衆からの富の収奪と経済混乱を招いたのであった。

このように中央銀行が国家権力と結びつくことは、金融を財政に従属させることにつながり、信用貨幣（債務）である銀行券の信用を喪失させる事態（インフレーション）を引き起こす可能性が高くなる。ここに中央銀行が政府から独立し、銀行業務として金融政策を遂行するもっとも大きな根拠がある。すでに述べたように、中央銀行は自らの債務を通貨として国民に受容してもらう以上、その信用を維持する責務がある。そのためには、金融と財政が分離し、銀行業務の遂行である金融政策と

第6章　中央銀行を考える　113

国家権力の発露である財政とが別々の論理で対立する必要があったのである。

　そもそも、貨幣は市場経済が自らの論理で創りだしてきたものである[11]。市場経済の発展とともに人類は、金属貨幣を信用貨幣へと代替させるところまで進んだ。金本位制は、金と銀行券との兌換という装置で、銀行券の信用貨幣性を最終的に担保しようとした制度であった。それはあくまで担保なのであって、通貨（例えば、銀行券）の発行、すなわち、マネー・サプライは、中央銀行を頂点とする信用制度全体にゆだねられた。つまり、市場経済における資本の動きを契機とする通貨需要が市中銀行の貸出を呼び起こし、最終的には中央銀行による信用の供与によってマネー・サプライが完結する制度である（内生的貨幣供給過程）。このように考えれば、市場経済は通貨供給のメカニズムを経済の再生産のメカニズムの中にビルト・インしてきたと言える。中央銀行が銀行業務として金融政策を行なう根拠はここにあろう。確かに、資本主義的な市場は無政府的であり、「信用の暴走」を引き起こす可能性を絶えずはらんでいる。しかし、経済社会は歴史の過程のなかで、国家・権力が貨幣発行高権を自由に操ることによって「暴走」する危険性（インフレーションの発生）よりも、市場の論理に従って（銀行業務の一環として）、「信用の暴走」に歯止めをかける方法を選択してきたといえる。そして、その役割を「銀行の銀行」「発券銀行」としての中央銀行が担うことになったのである。

【註】

1　市場から資金を引き揚げたい場合は、逆に債券や手形を市場に売る（これを売りオペレーション）という。次章で詳しく触れるがこれを公開市場操作という。

2　このような信用秩序の維持を目的とした政策を総称して**プルーデンス政策**（prudential policy）とも言う。バランスシート規制などの破綻防止のための政策や預金保険や日銀特融などの事後的なセーフティ・ネットがあげられる。

3　金融機関が極度に貸付を絞り、資金不足から企業倒産が増える状態

4　わが国では、バブル崩壊後の1997年三洋証券が短期金融市場においてデフォルト（債務不履行）を引き起こし、短期金融市場がパニック化し、金利が高騰した。また、

2008年サブプライムローン問題で信用不安の広がったアメリカにおいても短期金融市場金利が高騰している経験をしている。

　さらに理論的に、中央銀行の最後の貸し手機能について述べるならば、次のように指摘できる。「中央銀行の『最後の貸し手』としての機能とは再生産過程における機能資本からの貸付資本への要求に十分応えることである。特に商業銀行だけでは機能資本からの支払手段への需要を充たすことができない貨幣逼迫状態—貨幣恐慌—が生じた場合に、この支払手段需要に応えることが、中央銀行の『最後の貸し手』としての機能である。この中央銀行の機能によって、支払手段の不足が緩和されしたがって貨幣恐慌が緩和されるのである。こうして、一、金準備の確保すなわち銀行券の兌換制の維持（価格標準の維持）と、二、貨幣恐慌の緩和の二重の機能を遂行することが要請されているのである」（山田喜志夫『現代インフレーション論』大月書店、1977年、3-4頁。

5　日本銀行法の「第4章　業務」において以下の規定がある。

「（金融機関等に対する一時貸付け）
第37条 日本銀行は、金融機関（銀行その他の預金等（預金保険法（昭和四十六年法律第三十四号）第2条第2項に規定する預金等及び貯金をいう。）の受入れ及び為替取引を業として行う者をいう。以下同じ。）その他の金融業を営む者であって政令で定めるもの（以下「金融機関等」という。）において電子情報処理組織の故障その他の偶発的な事由により予し難い支払資金の一時的な不足が生じた場合であって、その不足する支払資金が直ちに確保されなければ当該金融機関等の業務の遂行に著しい支障が生じるおそれがある場合において、金融機関の間における資金決済の円滑の確保を図るために必要があると認めるときは、第33条第1項の規定にかかわらず、当該金融機関等に対し、政令で定める期間を限度として、担保を徴求することなくその不足する支払資金に相当する金額の資金の貸付けを行うことができる。
2　日本銀行は、前項の規定による貸付けを行ったときは、遅滞なく、その旨を内閣総理大臣及び財務大臣に届け出なければならない。
（信用秩序の維持に資するための業務）
第38条 内閣総理大臣及び財務大臣は、銀行法（昭和56年法律第59号）第57条の5の規定その他の法令の規定による協議に基づき信用秩序の維持に重大な支障が生じるおそれがあると認めるとき、その他の信用秩序の維持のため特に必要があると認めるときは、日本銀行に対し、当該協議に係る金融機関への資金の貸付けその他の信用秩序の維持のために必要と認められる業務を行うことを要請することができる。
2　日本銀行は、前項の規定による内閣総理大臣及び財務大臣の要請があったときは、第33条第1項に規定する業務のほか、当該要請に応じて特別の条件による資金の貸付けその他の信用秩序の維持のために必要と認められる業務を行うことができる。」

6　「通貨の単位及び貨幣の発行等に関する法律」（1987年）における規定。
「（貨幣の種類）
第5条　貨幣の種類は、500円、100円、50円、10円、5円及び1円の6種類とする。

第6章　中央銀行を考える　115

　… （中略） …
（法貨としての通用限度）
　第7条　貨幣は、額面価格の20倍までを限り、法貨として通用する。」

7　日本銀行金融研究所『新版わが国の金融制度』日本信用調査、1996年、275ページ。

8　鹿野嘉明『日本の金融制度』東洋経済新報社、2001年、293－294ページ。

9　銀行券の使用者が銀行券を使うことの本質は、商品の購入による、自らの債権の回収に他ならない。この点、本書第二章をもう一度参照されたい。

10　ロンドンの金融街。一般的にはイギリスの金融機関全般を指して使われる。

11　「諸商品の交換は、社会的物質代謝、すなわち私的な諸個人の特殊な生産物の交換が、同時に諸個人がこの物質代謝の中で結ぶ一定の社会的生産諸関係の創出でもある過程である。諸商品相互の過程的諸関係は、一般的等価物の種々の規定として結晶し、こうして交換過程は同時に貨幣の形成過程でもある」, K. Marx, *Zur Kritik der Politischen Ökonomie*, 1859, MEW Bd13, s. 378（マルクス『経済学批判』大月書店、国民文庫、1966年、58頁）。

第7章

金融政策とマネー・サプライ
―私たちが学んだ教科書とはどこか違う現実―

第1節　金融政策とは何か

　一般に、金融政策とは、物価の安定、雇用維持、安定的な経済成長（対内均衡）と国際収支の均衡、為替相場の安定（対外均衡）とを達成するために行われる経済政策の一つであり、中央銀行がその運営を担っているもの、と定義される。改正日本銀行法では、

　「（目的）

　第1条　日本銀行は、我が国の中央銀行として、銀行券を発行するとともに、通貨及び金融の調節を行うことを目的とする。

　2　日本銀行は、前項に規定するもののほか、銀行その他の金融機関の間で行われる資金決済の円滑の確保を図り、もって信用秩序の維持に資することを目的とする。

　（通貨及び金融の調節の理念）

　第2条　日本銀行は、通貨及び金融の調節を行うに当たっては、物価の安定を図ることを通じて国民経済の健全な発展に資することをもって、その理念とする」

　と定められ、物価の安定を金融政策の中心的な目的とすることが明記された。

　これまでのところで何回か触れたように、中央銀行が発行する銀行券は中央銀行の債務である。したがって、中央銀行の第一義の責務は銀行券の信用を維持するところにある。金融政策の第一義的目的が物価の安

定におかれているのも、その反映である。

しかし、グローバリゼーションが進んだ今日では、国際的な協調にもとづいた金融政策方針が採られる。例えば、1980年代半ばにはドル防衛のために各国は協調して利下げなどの金融政策を採用した（プラザ合意など）。また、2001年9月にはアメリカでの同時多発テロの影響による金融資本市場の混乱を避けるために米欧が協調利下げを行った。2008年にはサブプライムローンショックの対策として、国際間の協調利下げとともに、金融市場へのドル資金の供給が行われた。

また、金融資産が肥大化し、バブル的な資産価格の上昇がたびたび起こる現代社会では、単に一般物価の変動だけを目標とするだけでは不十分で、資産価格の変動も政策目標の指標としなければならない。このように、現代経済社会の金融政策の目標は複雑化、多様化している。

第2節　金融政策の目的はどのように達成されるか

金融政策には最終的に達成するべき目標があることは前節で述べた。しかし、中央銀行は直接に最終的な目的である物価を操作し、安定させることが出来るわけではない。そこで、金融政策の担い手である中央銀行は金融政策を直接的に行使する段階から、最終目標の物価の段階までいくつかの目標をおいて金融政策の効果を確認しつつ、政策手段を行使している。こうした政策手段から最終目標に至るまでに設定される目標を**運営目標**という（図表7－1を参照されたい）。

運営目標のうち金融政策の手段を行使することによって直接に操作できる目標を**操作目標**という。わが国の場合、具体的にはインターバンク金利（短期金融市場金利）がこれにあたる[1]。日本銀行は日々の金融政策を行う場合、まずはこの短期金融市場金利を誘導する。例えば、経済状態が過熱気味で、物価も上昇してきているときには短期金融市場金利を高く誘導し、逆に景気を刺激しようとするときは、短期金融市場金利を低めに誘導する。

図表7−1　金融政策の政策目標

　こうして短期金融市場金利を誘導することによって、影響を受けると考えられる経済指標が**中間目標**になる。インターバンク市場金利は銀行の資金調達コスト構造に影響を与えるため、それが変動すれば銀行貸し出し行動や預金金利に影響を与え、いくつかの経済指標の変化になって現れる。したがって、短期金融市場金利に影響を受けやすい経済指標が中間目標と位置づけられる。具体的には、マネー・サプライ、銀行貸出金利、債権利回りなどが挙げられる。

　中央銀行はこれらの指標の変化を注視しながら、**最終目標**の物価指数の動きを観察する。つまり、中央銀行の金融政策が適切に最終目標の動向に影響を与え、期待していた効果が出ているかどうかの判断がされていく。こうしたことを検討し、次の金融政策の実施について議論するのが、日本銀行の政策委員会である。政策委員会は9人の委員で構成され、原則として月2回審議が行なわれる。

第3節　金融政策の手段―教科書的説明とそれへの疑問―

　それでは、金融政策の目標を達成するのにどのような手段が使われ、どのように行われるのであろうか。ここでこのことを問題にしなければならないが、その前に、金融政策の手段とはどんなものなのかをおさらいした上で、それら手段の作用について私たちが常識として習ってきた

ことへの疑問を示してみたいと思う。

　本節では、我が国の中央銀行である日本銀行を例にとりながら説明を加えていくことにする。中学・高校の教科書（公民、現代社会など）でも学んできたように、日本銀行が行う金融政策には三つの手段があると説明されている。第一は、公定歩合政策（the Bank Rate Policy）であり、第二に、公開市場操作（Open Market Operation）であり、第三に、預金準備率操作である。

　公定歩合政策とは、日本銀行が市中銀行に貸し出す際の貸出金利を変更する政策である。すでに見てきたように日本銀行は準備預金という市中銀行にとっての最終的な決済手段を供給する。したがって、金融市場全体で資金が不足する場合、日本銀行が貸出（信用創造）しない限り、金融市場に必要な資金は供給されない。その意味でも、日本銀行当座預金は限界的な資金である。この限界的な資金の調達金利（市中銀行にとってのコスト）を動かすのが公定歩合政策である。高校で学んだ教科書では、「公定歩合を動かせば市中銀行のコストに影響を与え、その結果市中銀行の貸出金利が変動することで、金融の緩和や引き締めの効果が現れる」と教えている。

　公開市場操作（オープン・マーケット・オペレーション）とは、日本銀行が公開市場[2]（金融市場）から手形や債券を売ったり、買い取ったりする政策手段である。そして、この政策によって金融市場に資金（日本銀行当座預金）を供給したり、市場から引き上げたりする。教科書的な説明によれば、日本銀行が金融市場から債券ないし手形を買い取れば（買オペ）、金融市場に資金が供給され、金融が緩和される。逆に、日本銀行が金融市場に債券ないしは手形を売れば（売オペ）、金融市場から資金が引き揚げられ、金融が引き締まる。

　預金準備率操作とは、銀行の預金に対する準備預金の割合を操作する手段である。わが国の場合、これまでの章でも触れてきた準備預金制度によって市中銀行が自行の預金の一定割合を日本銀行預け金（準備預金[3]）として預けるように強制している。この割合を操作するのが準備率規制

という手段である。高校までの教科書では、日本銀行が預金準備率を引き上げれば総預金に対する必要準備額が上昇するため、貸出が抑えられ金融が引き締まる。逆に、引き下げれば、逆に貸し出し余力が出てくるので、金融が緩和されるとする。

（現実の政策からみた通説的な説明への疑問）

さて、これまでみたような教科書的な説明には多くの疑問が残る。以下、それぞれについてみてみよう。まず、預金準備率操作からである。例えば、日本銀行が金融の引き締めをねらって預金準備率を引き上げたとしよう。教科書的な説明によれば、銀行は総預金に対する準備預金の割合を維持するために、貸し出しを減らし、総預金量を減少させる。そのため貸出量が減少し、世の中に出回るマネーの量は減少し、金融が引き締まる。

　銀行は資金を貸し出すことによって金利収入を得ているのだから通常預金準備率規制限度いっぱいに貸し付けているはずである。したがって、教科書的な説明によれば、預金準備率が引き上げられた場合、新規の貸し出しを渋めにすると同時に、既存の貸し出しの回収を計ることになる。

　この説明が真実だとすれば、預金準備率の引き上げは、場合によっては銀行の貸し剥がしと経済への強固な引き締め圧力がかかる可能性がでてくることになる。しかし通常銀行は、他の条件に変化がなく、返済に滞りがないとすれば、貸借契約の期間中に契約を解除し、突然に返済を迫るということはできない。また、優良な貸出先が現れれば、銀行は積極的に信用創造を行い、貸し出しをしようとするだろう。したがって、このような状況で預金準備率が引き上げられた場合、銀行は準備預金額を増やそうとするだろう。

　預金準備率を引き上げるということは、前提を変化させなければ、金融システム全体で必要な準備預金額が絶対的に増加することを意味するから、市中銀行による日本銀行への借り入れ需要（資金需要）が増加するか、金融市場からの資金調達を増やすことになる。これに対して、日

本銀行は市中銀行への貸し出しを拒否することはできない。なぜならば、それをすれば市中銀行は所要準備額不足に陥り、破綻へとつながるからである。結局、日本銀行は銀行の銀行として、市中銀行が必要とする準備預金（所要準備額）を供給せざるを得ないのである。このことをさらに延長させれば、日本銀行は、金融システム全体が必要とする金額が満たされるように資金供給をせざるを得ないということになる。具体的には、公開市場操作を通して（買いオペによって）資金（＝ベース・マネー）を供給することになる。日本銀行がそうしなければ金融市場はパニックになる。このように考えると、預金準備率を引き上げても金融引き締め効果は現れず、むしろベース・マネー供給の増加となって現れると考えられる。

　日本銀行が買いオペによって金融市場に資金を供給するということは、市中銀行にとってみれば有利子の資産（手形や債券）を無利子の準備預金に変換することになるから、それだけコストが上昇することを意味する。こうした面からも預金準備率の操作（例えば引き上げ）が、経済社会に急激な作用を及ぼすといえる。したがって、金融政策の基調を変える以外は通常はあまり操作をしない[4]。事実、日本銀行は1991年10月に変更して以降、現在（2009年３月）まで準備率を変更していない。さらに遡って変動相場制に移行してから今日まで約40年についてみてみると、その間、公定歩合は28回変更されている。しかし、準備率の変更は12回にとどまっているのである[5]。

　それでは次に、公定歩合政策についての教科書的説明への疑問を示してみよう[6]。教科書的説明では、公定歩合が変更されると市中の金利がそれに合わせて変更されると説明される。確かに、公定歩合は日本銀行（中央銀行）の市中銀行への貸出金利であるから、これが変更されれば金融市場金利に大きな影響を与えるように思われる。しかし、日本銀行の公定歩合が上がるとその他の市中金利も同時に上昇するように連動していたのは、規制金利時代の話である。今日のような金利自由化の下ではそうした連動性はみられない。また、次のような疑問も提起される。

第7章　金融政策とマネー・サプライ　123

日本銀行の貸出残高は、2009年2月の段階で約30兆円、逆に全国銀行全体の貸出残高は2008年度末で約460兆円もある。その他の銀行を含めればさらに膨大な貸出が行われている。つまり、わずか1／10あるいはそれ以下の割合しかない資金の金利が、その10倍以上にもなる資金の金利の動向に直接に影響を与えることができるか、という疑問が出てくる。

　さらに現状を見てみよう、バブル崩壊後の長期不況の下で、1990年代半ばから日本銀行は公定歩合を下回る水準に短期金融市場金利を誘導した。また、三度にわたって短期金融市場金利をゼロへと誘導した（1回目：1999年～2000年、2回目：2001年～2006年、2008年以降）。この結果、教科書で説明しているような公定歩合の意味合いは薄れることになった。

　このように教科書的な金融政策の説明には、種々の疑問が残る。だからといって、教科書で指摘された金融政策が機能していないかといえば、そうとはいえない。むしろ、現実には、公定歩合政策、公開市場操作、預金準備率操作という三つの手段が有機的に結びついて金融政策は行われているのである。そこで、次節で実際の金融政策はどのように行われているのかをみていきたい。

第4節　金融政策の実際

　本節では、金融政策が実際どのように行われているのか。金融政策手段の役割は何かをみていく。その場合、理解しければならないことは、**なぜ中央銀行は短期金融市場金利を直接操作、誘導できるのか**、ということである。それではこのことを軸にしつつ、実際の金融政策を見ていこう。

（後積み方式）
　日々の取引によって、市中銀行からは膨大な額の資金が出入りする。したがって、毎日毎日の預金額に対する預金準備率を守ることは事実上不可能である。そこで、日本の準備預金制度では、**後積み方式**というや

り方で預金準備率を守るように市中銀行に準備預金を日本銀行に**積む**（預ける）ことを求めている。

　後積み方式とは、自行のある月の預金の平均残高に対して、その月の16日から翌月の15日までの預け金（日銀当座預金）の平均残高が準備率をクリアできていることを市中銀行に義務づけている方法である（図表7－2を見てほしい）。このような方式の下では、市中銀行が日本銀行に預けておかなければならない準備預金額の算出根拠になる預金のその月の平均残高は、月末になって確定する。したがって、市中銀行は月末に確定した達成目標（準備預金の平均残高の水準）をめざして、残りの半月のうちに必要な準備預金額を日本銀行に預けるように（積むように）業務を行っていく。市中銀行は、預金の平均残高の確定よりも半月遅れて、日本銀行に預金する（積む）準備預金額を達成していくので、後積み方式という。

　それぞれの銀行は、短期金融市場の金利動向や資金の需給動向等を勘案しながら、預金準備率を達成するべく、日々の自行の日銀預け金の預金額の動向（**積み進捗**）を注視していく。積み進捗が不足していれば、不足分を埋めていくし、余裕があれば、短期金融市場で運用する（第5章も参照してほしい）。もっとも理想的な積み上げ方（預金準備率の達成の仕方）、1ヶ月30日の期間の積み立ての場合、目標額に対して日々3.3％の預金額が預けてあれば（積んでおけば）、良いということになる（図表7－2も見てほしい）。

　ところで市中銀行が積まなければならない準備預金（日本銀行当座預金）は、日本銀行だけが創出できる（供給できる）預金である。したがって、例えば、金融システム全体で必要な預金額が増加した場合は、日本銀行が準備預金を供給しない限り、金融システム全体で資金が不足する。このようなとき日本銀行が資金供給を渋めにすれば、金融市場では資金需給がきつくなり、金利が上昇する。逆に、日本銀行がゆるめに資金供給すれば金融市場全体の資金需給はゆるまり、言い換えれば、市中銀行の資金繰りは緩くなり、金利は下落する。このように、日本銀行が

図表7－2　後積み方式

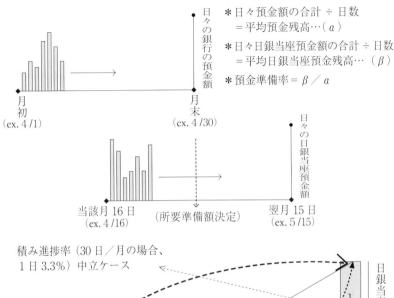

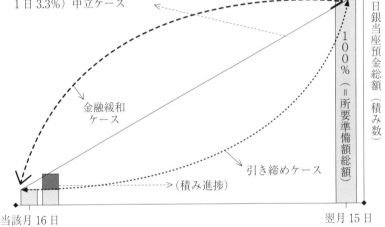

例）ある月のある銀行の預金総額（日々の預金額×日数）が300億円。平均預金残高は、その月が30日間だとすれば、300億÷30＝10億円。準備率が10％であれば、所要準備額は、300億円÷10＝30億円。日々日銀に預けておくべき平均預金残高は、その月が30日間だったとすれば、30億円÷30＝1億円。つまり、所要準備額総額（積み総額）は30億円で、理想な場合は毎日1億円の日本銀行当座預金残高（積み）があればよいことになる。この1億円は総額30億円の約3.3％（1／30）である。

資金供給の度合いを動かすと、金融機関が準備率規制をクリアするために預けていく準備預金額の度合いが左右され、金利が変動する。つまり、日本銀行は資金供給のスピードを加減することで金融機関の準備預金の預金額の積み上げ率に影響を与え（**積み調整**）、短期金融市場金利の操作をするのである。

　平時の状態であれば（市場に中立的な姿勢で向かうときは）、日本銀行は金融市場が必要とする資金を満たすように過不足なく、資金供給する。逆に、金融を引き締めたい場合は、渋めに資金を供給し、金利を高めに誘導する。逆の場合は、逆である。一方、繰り返し述べているように、市中銀行は最終的に預金準備率を守らなくてはならない。守ることが出来なければ破綻につながる。日本銀行が、準備預金の積みの最終日（月中、15日）に市中銀行の積み額が目標に到達するように資金を供給しなければ、破綻する銀行が出てくる可能性がある。日本銀行は金融システムをこうした事態に陥らせるわけにはいかないから、金利の誘導をしつつ、最終的には市場が必要とする資金を供給する。こうした日常の資金需給調整の手段として、**公開市場操作**が使われるのである。例えば、金融を引き締めるために（金利を引き上げるために）、日銀が貸し出しを絞り気味に誘導したとしても、積みの最終段階で**公開市場操作の買い**

図表７－３　資金調整における日銀と金融市場

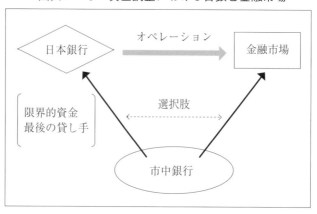

オペによって資金を市場に供給するなどの操作が行われる。最終的には金融市場が必要とされる資金が供給されるのである（図表7－3も参照してほしい）。

公定歩合政策は、日本銀行が行う金融政策の姿勢（政策基調）を市場に示す役割を担っている。市場は公定歩合の動向を見て、日本銀行が行おうとしている金融政策の基調を推察し、行動していく。このように公定歩合の変更という形でメッセージを送ることで、市場の動向に影響を与えることを、**アナウンスメント効果**という。公定歩合の中心的な役割はここにある。

以上見てきたように、預金準備率規制と公開市場操作と公定歩合政策の三つの政策は、それぞれバラバラに行われているのではなく、有機的に結びついて実行されていることを確認してほしい。

（現在、公定歩合はどうなったのか）

ここまで、日本銀行の**政策金利**として「公定歩合」という言葉を使ってきた。しかし、日本銀行は、平成18年（2006）8月から公定歩合に代わって**「基準割引率及び基準貸付利率」**という言葉を使用している。これは、日銀が金融機関に資金を直接貸し出す際の基準金利、つまり、基準となるべき割引率（基準割引率）および基準となるべき貸付利率（基準貸付利率）として日本銀行法によって規定されている。預金金利等が公定歩合と連動していた規制金利時代には、公定歩合が金融政策の代表的な政策金利として機能していたが、平成6年（1994）の金利自由化完了と共に連動性がなくなった。それに代わり日銀の政策金利として導入されたのは無担保コールレート翌日物であり、公定歩合は金融市場調節の誘導目標としてその上限の役割を示すことになった。公定歩合は政策金利としての意味合いを持たなくなったという点から名称が変更されている。

また、日本銀行は、2001年3月に**「補完貸付制度」**（ロンバード型貸出制度）を導入し、超金融緩和政策の中で中央銀行と市中銀行との関係

が新たな段階に入ったことに対応することになった。この制度は、日本銀行があらかじめ明確に定めた条件（「基準割引率及び基準貸付利率」＝公定歩合）に基づき、貸付先からの借入れ申込みを受けて受動的に貸付を実行する制度である。

1990年代半ばから日本銀行は、コール市場の貸出金利を公定歩合より低く誘導したことは前に述べた。したがって、現在通常の状態では、コール市場の貸出金利は公定歩合よりも低い。しかし、金融状態によっては（例えば、リーマン・ショックのような金融危機が発生すると）、資金を急激に必要とする金融機関が増加し、コールレートが上昇する。

ロンバート型貸出制度によって市中銀行は「公定歩合」で借り入れが可能なため、短期市場金利が公定歩合より上昇することを抑制する効果がある。つまり、実質的に日本銀行が短期市場金利に「上限」を設ける仕組みだといえる。この意味で、この制度は「金融調節の一層の円滑化を図るとともに、金融市場の円滑な機能の維持と安定性の確保に資する」ものと考えられている。

（金融政策とマネー・サプライ）

これまで、金融政策の実際を見てきた。それによって、日本銀行が行っているのは、直接には短期金融市場金利を動かす金利政策であって、マネー・サプライを動かすものではないということが明らかになった。市中銀行が必要とするベース・マネーの量はあらかじめ決まっており、中央銀行は最終的にはこの需要を満たすように準備預金を供給しなければならない。特に、日本のように後積み方式の下では日本銀行が供給しなければならない資金量は、あらかじめ（月末に）決まってしまうのである。日本銀行は、月末に決まった金融市場が必要とする資金量を最終的には供給しなければならない。この限りでは、日本銀行が直接にマネー・サプライの動向を左右できると考えるのは間違いであることがわかるのである。

それだからといって、金融政策が出来ないかと言えばそうではない。

第7章　金融政策とマネー・サプライ　129

繰り返し述べるように短期金融市場金利を直接に操作し、金融機関のコスト構造に影響を与える形で、金融の引き締めや緩和の基調を作ることができる。それが波及した結果としてマネー・サプライの動向に何らかの影響を与えることになると言える。

　さて、1990年代後半から今日まで日本銀行は超金融緩和基調の金融政策を採っている。この間、極めて異例の金融政策も取られてきた。次節ではその問題を取り上げ、金融政策についてさらに理解を深めよう。

第5節　1990年代後半以降の金融政策から何を学ぶか

　本節では、まず、90年代後半から2000年初頭に取られた、「異例」ともいえるゼロ金利政策と量的緩和政策の背景と内容についてみておきたい。

（背景と経緯）
　周知のように、日本経済は90年代以降未曾有の経済停滞を経験した。「失われた10年」といわれるこの長期にわたる経済不況のもっとも深刻な様相は、1997年末の北海道拓殖銀行と山一証券の破綻によって象徴された金融危機というかたちで現れる。翌1998年にはGDP成長率がマイナスに転じ景気落ち込みの深刻さが広がった。ここにおいて政府は、財政赤字が拡大していた状況にもかかわらず、さらに赤字国債を発行し、財政ペンディングを増やすことへと政策転換した。しかし、財政赤字が深刻化するもとでの国債増発は長期金利の上昇を呼び起こし、景気の腰折れと、緊急経済対策の効果減殺の不安感を広げることになった。これらの事情が背景になって日本銀行は、ゼロ金利政策の採用を決定した（1999年2月）。

　もともと、日本銀行はこのゼロ金利政策を「非常事態にとった危機対策」という認識をもっていた。すなわち、緊急避難である。はたして、景気の持ち直しの気配が見られた2000年8月には解除され、通常の金利

政策への回帰の姿勢が示された。しかし、その後、アメリカにおける
ITバブル崩壊なども重なり、再び景気が悪化してしまう。2001年には
いると株価の下落が顕著になり、バブル崩壊以降最安値を更新する。こ
の状況から「三月危機」と金融不安の再燃の可能性が現実味を帯びるよ
うになった。こうして日本銀行は、2001年3月、再びゼロ金利政策へ後
戻りすることを決めざるを得なくなった。そればかりではない、なし崩
し的に「量的緩和政策」という未知の領域へと踏み出す政策内容をも決
定したのである。

　（ゼロ金利政策および量的緩和政策の政策内容）
　1999年2月にとられたゼロ金利政策では、短期金融市場金利（コール
市場金利）をゼロ近辺でまで誘導することが決定された。決定後、すぐ
に市場金利を誘導するために必要な資金が短期金融市場に供給された。
図表7－4には、必要準備預金額と実際の準備預金（金融機関の日銀当
座預金）額の両方をテロップしている。これを見てわかるように、ゼロ
金利政策がとられた時点で、金融機関には必要な準備預金額以上の資金
が供給されていることがわかる。
　2001年3月にとられたいわゆる「量的緩和政策」では、次のような決
定がなされた。

〈金融市場調節方式の変更と一段の金融緩和措置について〉
2001年3月19日日本銀行政策委員会発表
…（前略）…
(1)　金融市場調節の操作目標の変更　　金融市場調節に当たり、主たる操
　作目標を、これまでの無担保コールレート（オーバーナイト物）から、
　日本銀行当座預金残高に変更する。
　　この結果、無担保コールレート（オーバーナイト物）の変動は、日本
　銀行による潤沢な資金供給と補完貸付制度による金利上限のもとで、市
　場に委ねられることになる。
(2)　実施期間の目処として消費者物価を採用　　新しい金融市場調節方式

は、消費者物価指数（全国、除く生鮮食品）の前年比上昇率が安定的に
ゼロ％以上となるまで、継続することとする。

(3) 日本銀行当座預金残高の増額と市場金利の一段の低下　　当面、日本
銀行当座預金残高を、5兆円程度に増額する（最近の残高4兆円強から
1兆円程度積み増し〈別添〉）。この結果、無担保コールレート（オーバ
ーナイト物）は、これまでの誘導目標である0.15％からさらに大きく低
下し、通常はゼロ％近辺で推移するものと予想される。

(4) 長期国債の買い入れ増額　　日本銀行当座預金を円滑に供給するう
えで必要と判断される場合には、現在、月4千億円ペースで行っている
長期国債の買い入れを増額する。ただし、日本銀行が保有する長期国債
の残高（支配玉〈現先売買を調整した実質保有分〉ベース）は、銀行券
発行残高を上限とする。

…（後略）…

　こうしてそれまで金融政策の主要手段としてとられていた金利操作は
放棄され、操作目標は金利から準備預金額（日本銀行当座預金残高）と
いう「量」へと変更された。これにより日本銀行は、金融機関が日本銀
行の目標とする準備預金額を積み上げるまで、金融市場にあらゆる方法
で資金を供給することになった。その手段の一つが長期国債の買い入れ
の増額である。

（量的緩和政策からわかること）

　日本銀行もこの政策発表においてみとめているように、このときにと
られた「量的緩和政策」は、「通常では行われないような、思いきった
金融緩和に踏み切る」政策であった。マスコミも、また多くの論者もこ
の政策を「異例な政策」、「歴史的実験」と評価した。それではなぜ「異
例」なのだろうか。そしてそのことから私たちは何を学ぶべきなのだろ
うか。

　本書で繰り返し述べているように、日本銀行が行う金融政策は直接的
には短期金融市場の誘導である。その理由は、日本銀行の資金供給は基

132

本的には受け身であり、市中銀行の資金需要がなければ資金を供給できないからである。従って、事後的に計算できる必要準備額と実際に供給される資金（実際の準備預金残高）は平時では一致している（…図表7－4を参照してほしい[7]）。ここからわかるように、日本銀行は直接には資金供給量（ベース・マネー）を左右できない。その一方で、日本銀行は、最後の貸し手としての地位を利用し、資金供給の仕振りを変えることによって金利を操作し、市中銀行のコスト構造や資金調整行動に影響を与えることはできる。そこで、この資金供給の過程を手加減することによって市中銀行を金融市場から引き離したり、近づけたりする（銀行行動に影響を与える）ことで、短期金融市場金利を操作するのである。

2001～2006年に、（さらには2008年以降現在に至るまで）とられた量的緩和政策はこうした金融政策の原則、目標を全く変えて、(1)金融機関の準備預金額へと政策目標（操作目標）を変更し、そして、(2)実施期間を「消費者物価指数（全国、除く生鮮食品）の前年比上昇率が安定的にゼロ近くになるまで、継続する」とした。これによって日本銀行は、金利政策という伝統的な手段を放棄すると同時に、効果のはっきりしない「量的な準備預金残高目標」を掲げ、自らの政策イニシアティブを狭めるかもしれない「物価水準への示唆」を行ったといえる。たとえて言えば、それまでの常識から逸脱した政策へと転換したともいえる（180°転換したと言って良い）。それ故に、**非伝統的金融政策**といわれるのである。

しかしその一方で、この「常識外れ」はいくつかのことを「常識」へと浮かび上がらせる効果ももたらした。ここではこの点を見ておこう。量的緩和政策によって、確かに、金融機関の準備預金額は必要な準備率を超えて増大していった。しかしその一方で、マネー・サプライは拡大せず、物価も上がっていかなかった。このことは、私たちが高校までで習ってきた常識とは異なって、日本銀行がいくらベース・マネーの量を増やしても、直接にマネー・サプライをコントロールできないことを明らかにした。

第7章 金融政策とマネー・サプライ 133

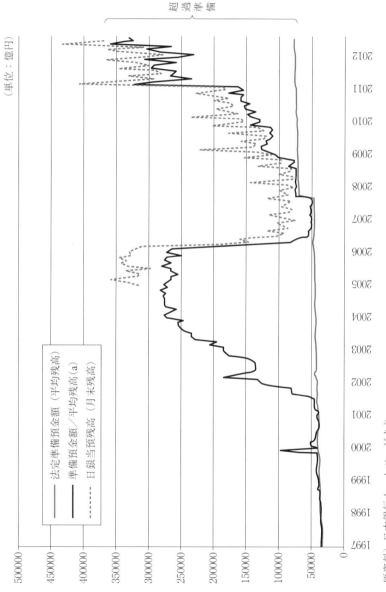

図表7-4 準備預金（日銀当座預金）と法定準備額

（単位：億円）

（原資料）日本銀行ホームページより

さらにこのことは次のことをも示唆している。ベース・マネーの量を目標にして資金供給を行おうとする政策である量的緩和政策は、市中銀行には資金需要がないのに、それを上回る「目標」を設定して資金を供給し続ける政策であったといことである。言い換えれば、必要もない馬に無理矢理えさを与え続けた政策だといえる。いわば、無理を無理として押し通した政策とも形容できる。その証拠に、通常の理論であれば、増加しなければならない銀行貸出は増えていかず、上でも述べたように、結果としてマネー・サプライも増加しなかった。市中銀行からみれば金利を生まない無駄な資金（＝日本銀行当座預金）残高がただ積み上がるだけ（ブタ積み）という状態が長く続いたことになる。

　また、量的緩和政策によっては長くゼロ金利状態になったことで、公定歩合政策は放棄されたかのような評価もだされることになった。このようにわたしたちが高校までで習ってきた「常識」は実は疑ってかかるべき「通説」であることを、量的緩和政策は示したといえそうである。

　（アナウンスメント効果と日本銀行券の裏付け）

　さらに、量的緩和政策は私たちに別の示唆も与えてくれた。ここでは「時間軸効果」と「日本銀行券（あるいは日本銀行当座預金）の裏付け」という二点に絞って触れておこう。

　第一に、時間軸効果である。上記の政策発表では、「新しい金融市場調節方式は、消費者物価指数（全国、除く生鮮食品）の前年比上昇率が安定的にゼロ％以上となるまで、継続することとする」と宣言している。この結果、日本銀行総裁がその後の記者会見で「物価は安定的にゼロ以上になっていない」と発表し続ける限り、さらには、実際の物価動向も上昇の兆しが見えないということになれば、「日銀はこの政策を続ける」と市場は判断する。一般に、市場は、長期の金融商品の金利が短期の金融商品金利の将来予測の平均値に落ち着くように行動すると考えられている（期待理論）。したがって、「物価が上昇しないから、日銀は金利を上昇させない」と市場が判断した結果は、長期の金融商品の金利動向に

も及ぶことになる。このような効果を日本銀行は、「**時間軸効果**」と呼んだ。

　実際にはどのようなことが起こったのだろうか。2001年3月に発表された政策の内容は、物価が前年に比べて安定的にゼロ以上にならない状況下では、継続される。つまり、当面の間、ゼロ金利状態が続くと考えられる。言い換えれば、日本銀行の発表が、物価の下落（デフレ）状態を宣言している限り、市場は中長期的にもゼロ金利状態であると予想する。期待理論が示すように、短期金融商品の金利の将来予想の平均値が、中長期金融商品の金利水準を規定するから、ゼロ金利政策の継続は中長期の金融商品金利も同様にゼロ近辺に貼り付けてしまう。量的緩和に道を開いた政策発表（2001年3月）のような強いメッセージ（「物価が前年比安定的にゼロ以上になるまで続ける」）が出されれば、市場はゼロを基準とした金利決定行動を、短期金融市場はもとより、長期金融商品についても行なうようになるからである。この結果、短期金融商品から長期金融商品にいたる金利構造を曲線で図示した**イールド・カーブ**[8]は、ゼロ近辺でべったりとフラットになってしまったのである。

　これらのことから日本銀行はある種のメッセージを市場に送ることによって、市場の行動に影響を与え、金利水準などを操作できることがわかる。公定歩合のアナウンスメント効果も実は、同じ効果を狙ったものである。公定歩合の水準や変動の方向性によって、市場は日本銀行がどのような姿勢で金融政策を行なおうとしているのかを読み取り、また当面の短期金融市場金利の水準を予想する。公定歩合の本来の役割は、市場へのシグナルであると考えても良いだろう。そして、日銀総裁の言動もまた、金融市場の動向に対してはきわめて重要なファクターになる。

　第二に、日本銀行当座預金（および日本銀行券）の信用の裏づけについて考えてみたい。これも繰り返し述べているように日本銀行当座預金および日本銀行券は、日本銀行の債務（信用）である。信用創造によって創り出されたそれらは、日本銀行の債務であるがゆえに何らかの資産による裏づけが必要となる。本書では、これまで日本銀行の貸し出しに

よって日本銀行当座預金（準備預金）が供給されることを基本にしてきた。したがって、日本銀行当座預金（そしてその結果として発行される日本銀行券）の信用は、日本銀行の貸付金が順調に返済されること（円滑な還流）で支えられているといえる。しかし、本章におけるこれまでの説明で、日本銀行当座預金（さらには日本銀行券）の信用の裏づけには、日本銀行の貸出債権にとどまらず、市中銀行が持っていた優良な割引手形を再割引したものや、債券などもあることもわかるだろう。一般に、後者は公開市場操作（買いオペ）によって日本銀行が買い取ったものであり、その見返りとして日本銀行当座預金（金融機関準備金）が提供され、そしてそこから日本銀行券が引き出されていく。逆に言えば、市中銀行は自ら所有している債券（国債、地方債など）を金融市場で日本銀行に売却することで必要な資金（日本銀行当座預金）を手に入れているのである。

　さて、量的緩和政策では日本銀行は、金融機関全体の所要準備預金額（必要な準備預金額）を超えてお金を供給した。そうすると、必要な準備預金が供給されている状態なのだから、市中銀行は日本銀行からお金（必要な準備預金）を借りる必要がなくなる。したがって、日本銀行は貸出という方法ではなく、公開市場操作（買いオペ）で供給することになる。まずは、市中銀行が持っている長期国債がその対象になった。しかし、目標額が増加するとそれでも資金供給手段が不足することになり、そのうちになりふりかまわずさまざま金融手段（最後には、株式）を買い取ることなった。その結果、日本銀行には資産として大量の国債をはじめとしてさまざまな金融手段が蓄積し、その見返りでベース・マネーが供給されているという姿になっているのである。

　（リーマン・ショックと非伝統的金融政策の泥沼）
　日本銀行の金融政策は2006年に従来型の金利政策に復帰した。しかし、2008年のリーマン・ショックによって再び「非伝統的な政策」に逆戻りした。さらに、その後の欧州通貨危機を受けて日本銀行の非伝統的金融

政策の内容は次々に拡大していった。特に、欧米をはじめとする諸国が金融緩和政策を採るとともに、ドル安やユーロ安といった為替相場の調整が進んだ結果、日本銀行も円高を避けるため、各国に追随しながら金融緩和を進めるという事態になってしまった。この点から見れば、特に欧州経済危機後の金融政策は為替切り下げ競争の様相をも呈しているといえる。

こうした状況を確認したうえで、2008年以降の日本銀行の緩和策を具体的に概観しておく。2008年以降の金融緩和策には二つの側面がある。

第一は、金融システム安定化策としての流動性供給である。これは、すでに経験済みの準備預金供給に加え、特に企業支援特別オペを実施し、社債・CPの買い入れを行った。

第二は、「デフレ脱却と持続的な成長のための」政策で、四つの柱がある。

一つ目は、将来まで低金利の水準を維持することを約束し、短期から長期までの金融商品の金利構造（イールドカーブ）の引き下げを図ることである（「時間軸政策（政策コミットメント）」）。

二つ目は、日銀の当座預金残高を増やす政策。

三つ目に、資産買い入れ枠を設定し、非伝統的金融資産（例えば、CP、社債、投資信託など）を購入し、長めの市場金利の低下と各種リスク・プレミアムの縮小を図る。

四つ目が、成長強化基盤支援資金供給であり、金融機関の新規成長分野への投融資のための資金貸し出しという新たな資金供給ルートの設定である。

2012年に入り、アメリカがQE3（新たな量的緩和政策の第3弾）を採用するとの観測が流れると、日本銀行は「中長期的な物価安定の目処」を導入し、それまで消極的だった金融政策の物価の目標数値を明確にするという方針転換を行った。さらに9月14日にQE3が導入されると、間を空けず資産買入を増やす「金融緩和の強化」を発表した。こうしてみると、各国中央銀行は「出口無き金融緩和競争」を突き進んでいるよ

うに見える。

　それでは、こうした金融政策はどのような効果と問題点を持っているのだろうか。周知のように論点はさまざま提起されているが、ここでは問題を絞って考察してみたい。

　（日本銀行の保有資産の変化）

　日本銀行は、市中銀行の信用創造（預金通貨供給）の結果として必要とされるベース・マネーを供給している。日銀が供給しているベース・マネーは日銀の債務であり、信用貨幣であることは繰り返し述べてきた。日銀はこの債務を一方的に増やしているのではなく、他方での債権（資産）の裏付けによって債務であるベース・マネーを供給している（例えば、日銀が資産を買い取ると市中銀行の日銀口座にそれと同額の準備預金が生まれる）。

　何度も述べてきているように、「非伝統的な金融政策」の中心は市中銀行が必要としている量を上回るベース・マネーを供給している点にある（前掲図表７－４参照）。2012年８月の平均残高でみてみると、銀行が必要とする準備（法定準備）の4.3倍の準備預金（日銀当座預金）が供給されている。法定準備が適応されない金融機関を含めれば６倍（2012年９月末）もの日銀当座預金が供給されている。まさに「ジャブジャブな状態」である。

　これまで学習してきたように、日本銀行が資金（ベース・マネー）を供給するためには、日本銀行が供給する資金（信用貨幣）の信用の裏付けとなる資産の買い取りが必要である。通常は民間の銀行が貸付のために割り引いた優良手形を買い取ったり、市中銀行が持っている短期の政府証券（一種の国債）を買い取って（通常は、現先取引＝一種の担保貸付）資金を供給する。しかし、近年の金融緩和期には、通常の資金供給方式では供給できないほど多額の資金を供給している。そこで、日本銀行は平時には行わないさまざまな資産を買い取る形で資金供給を行っている。

図表7－5では、日本銀行の主要な資産構成とその変化を示しているが、1995年以前と以降とでその内容に大きな変化があることがわかる。通常の資産はほとんどその姿を消し、資産規模も1995年の3倍もの大きさになっている。日本銀行が買い取った資産規模の裏返しが、お金の供給だとおおざっぱに考えてみる。90年代以降日本経済はデフレ経済が進み、経済が萎縮している。言い換えれば、実体経済という面では、お金の需要は少なくなっている。にもかかわらず、日銀の供給するお金の量だけが増えているということになる。

　問題は、日銀が供給しているベース・マネーの裏付けの中身（日本銀行券などのベース・マネーの信用を支えているモノ）である。1998年以降の日本銀行の資産構成の中身の変化をみてみると。そのほとんどが短期国債と長期国債、しかもそれらは買い切りオペレーションという、政府が償還しない限り、日銀が持ち続けることになるかもしれない国債である。その国債の発行主体である政府の財政は、大幅赤字を続けている。2012年度末でその残高総額は約709兆円（見込み）であるから、その7分の1を日銀が引き受けているということになる。

図表7－5　日本銀行の主要な資産構成の変化

（資産構成：構成比：%））

	1990	1995	2000	2005	2011
# 金地金および現金	1.16%	0.84%	0.64%	0.41%	0.51%
# 買入手形	14.05%	19.22%	7.10%	28.33%	0.00%
# 国債	64.17%	69.13%	52.71%	63.57%	69.18%
このうち短期政府証券	45.86%	29.97%	15.07%	3.30%	–
コマーシャル・ペーパー、社債、金銭信託等	–	–	–	–	5%
貸付金	12.53%	4.25%	0.64%	0.00%	22.03%
# 外国為替	6.09%	4.66%	3.45%	3.04%	3.18%
# 国債借入担保金	-	-	17.21%	-	0.00%
合計（資産、負債及び資本共通）	100%	100%	100%	100%	100%
資産規模の変化(指数、1980＝100)	204	225	443	646	630

原資料）総務省統計局、および日本銀行ホームページより

日本銀行は、国債買入オペを通じて、「長めの市場金利の低下と各種リスク・プレミアムの縮小を促進し、金融緩和の効果を一段と強力に推進する」とする。物価目標を明示する「非伝統的」な「時間軸」政策も、伝統的な金利を通じた波及効果を想定している。

　しかし、日銀がこのような「強力な金融緩和を推進」すればするほど、国債買い入れ額は増加し、財政（政府）からの独立性は損なわれる。なぜならば、一方でデフレが続く限り、日本銀行は「強力な金融緩和政策」を続けなければならない。他方で、日本政府が赤字財政を拡大し続ける限り、国債の市場への供給は続く。日本銀行は金利を押さえ込むために（すなわち、国債価格を高値で維持するために）、国債の買いオペを止められなくなる。まさに、中央銀行と政府の（金融と財政の）一体化という状況へのスパイラルである。

　実は、こうした政策の矛盾は別のところに現れる。その一つを市中銀行の資産構成と収益構造を見ることで確認していこう。

（市中銀行の「ゆうちょ化」と日本銀行による多様な資産の買入）
　1990年後半以降の日本銀行の金融政策に何をもたらしたのだろうか。図表７－６は、市中銀行（全国銀行）の財務諸表において国債がどのような位置づけになっているかを見たものである。ここから市中銀行が国債への投資を増やし、その結果、資産に占める国債の割合が高まっていることがわかる。2011年度の数値では20％を超えている。この間、1996年に65.6％（全国銀行ベース）あった貸出金（金額で約562兆円）は、2011年度には52.6％（458兆円）に低下している。つまり、銀行本来の民間への貸し出しを減らし、安全資産としての国債で運用しようとする動きを強めているようにみえる。かつて郵便貯金の資金は財政投融資で用いられた。そうした資金運用は現在の「ゆうちょ銀行」にも引き継がれ、資金の多くが国債、地方債、財投機関債等で運用されている。これまで見てきた市中銀行による国債での運用はかつての郵貯資金と現在の「ゆうちょ」に近づいているようであり、その意味で、銀行の「ゆうち

第 7 章　金融政策とマネー・サプライ　141

図表 7 - 6　全国銀行の国債指標

	国債 / 総資産	国債関連収益 / 経常収益（a）	国債関連費用 / 経常費用（b）
1996	4.51%	5.20%	4.08%
2000	10.10%	3.30%	1.61%
2005	13.34%	2.30%	4.71%
2008	13.12%	5.66%	7.93%
2009	17.35%	4.86%	3.62%
2010	19.43%	7.89%	3.89%
2011	20.64%	7.99%	3.51%

原資料）全国銀行協会『全国銀行財務諸表分析』（各年）

図表 7 - 7　国債関連純益（純損失）

（単位：百万円）

平成 8 年	1996	511,459	
平成 9 年	1997	734,434	
平成10年	1998	893,467	
平成11年	1999	−66,323	ゼロ金利期
平成12年	2000	390,820	
平成13年	2001	429,571	
平成14年	2002	818,101	
平成15年	2003	305,986	量的緩和期
平成16年	2004	135,360	
平成17年	2005	−211,208	
平成18年	2006	−123,000	
平成19年	2007	−52,921	
平成20年	2008	−558,699	
平成21年	2009	289,408	
平成22年	2010	747,517	第二次金融緩和期
平成23年	2011	826,374	

原資料）図表 7 - 6 と同じ

ょ（郵貯）」化というように比喩できよう。

　次に、市中銀行の国債からの収益構造を見てみよう（図表7－7）。金融緩和期に入ると国債収益構造は回復する。注目したいのは、ゼロ金利ベースまで下落したにもかかわらず（価格では上昇）、収益はむしろ上昇していくことである。しかも、総収益に占め割合は高くなる。市中銀行にとってみれば、稼ぎ手という面からも国債の売買がきわめて重要な要素になるのである。

　ゼロ金利ベースにもかかわらず、市中銀行が国債売買から収益を得られるのはなぜか。それは日銀が買い取りにあたって価格差をつけているからにほかならない。すなわち、日銀の市中銀行へのプレミアムが市中銀行の収益を支えていると考えられる。

　ここに日銀の苦闘が見えてくる。現在のような金融緩和政策を採り続ければ、国債を無制限に買い取らなければならない。そのためにプレミアムをつければ、市中銀行はそれを目当てに国債資産を増やし、日銀に売却して利ざやを稼ごうとする。市中貸し出しのリスクをとるよりも、国債への依存を強める。

　こうした動きに対して日銀は多様なチャンネルの形成という「禁じ手」を打たざるを得なくなる。市中への資金供給を促すために、社債、CP、投資信託など、本来、市場に任せておくべき領域の金融商品を買い取るという事態へと向かっていく。近年の「強力な金融緩和政策の推進」は、これまで検討してきた日銀が抱える矛盾の行き着く先であったと考えられるのである。

　ここでこれまで見てきたことをまとめておこう。ここでは、巷間盛んに議論されている論点とはやや視点を変え、市中銀行との関係に注目しながら日本銀行の今次の金融緩和政策の意義を考察してきた。結論は次のところにある。リーマン・ショック後に採られたような強力な金融緩和政策をとると、ある段階で日本銀行の意図とは逆の効果が生まれるのではないかということである。つまり、強力な金融緩和政策が進んでい

くと、市中銀行のリスク・テイク行動に変化が生じ、国債関連の収益構造への寄与をとおして市中銀行の市中貸出しに対するインセンティブを削いでしまうのではないか。言い換えれば、市中銀行を国債へと向けさせることで、民間に対する貸出しの動きを抑えてしまうという逆説的な効果を生んでいるのではないかということである。

こうしてみると、市中銀行が国債からの収益の伸びが期待できなくなり、別の収益チャンネルを見つけようと行動を変化させるときが、金融緩和政策の転換点になるのかもしれない。日本銀行が異常に資産を拡大させ、その質的内容を見てもきわめてリスクの高いものへと展開させている不健全な状態で、市中銀行の行動の変化がどのような影響を経済に与えるのか。これが今後の日本経済を見通すときの課題になると思われるのである。

【さらに考察してみよう　―今後の状況を考えるために―】

既に述べたように、量的緩和政策は「無理を無理として押し通す政策」であるといえる。こうした無理は、かならず経済社会に副作用を及ぼす。どのような副作用を及ぼすと考えられるのか。このことは読者自身が答えを見つけて欲しい課題でもある。しかし、本章の最後にそれを考えるヒントになる材料を二点だけ提供したい。問題提起の形で示すので、考えてみてください。

［課題１：日本銀行の信用について］

第一は、日本銀行の信用に関わる問題である。日本銀行当座預金も日本銀行券も、日本銀行の債務である。したがって、その信用は何らかの資産で担保されている。例えば、金本位制であれば金準備という実物資産（貨幣）と金兌換というシステムが銀行券の信用の一端を保証していた。日本銀行が、例えば、優良手形の再割引によって日本銀行当座預金を供給するのは、再割引した優良手形が実際の経済取引の結果として振り出された手形であるからである。つまり、その手形が振り出された後

144

には、経済取引が順次進行し価値が実現されていく。そして、最終的には割引によって日本銀行から出て行った資金が日本銀行へ返済される（還流する）からである。貸出金も同様であって、日本銀行の銀行業務の結果（信用創造）によって作り出された準備預金は、市中銀行の所要準備の増加の結果である。それは国民経済における経済取引が拡大したことによる必要貨幣量の増加の結果でもある。したがって、経済取引が順調に進行していけば、市中銀行の貸し出しへの返済が順次すすみ、最終的に日本銀行へ返済される（還流する）。

　しかし、量的緩和政策以降、金融危機の沈静化という大義名分を示されながら、準備預金供給のためにさまざまな資産を日本銀行は買い取ってきた。例えば、銀行が保有する株式の買い取りなどはその典型である。2007年に勃発したサブ・プライム・ローン危機後の経済恐慌時には、企業のCP（コマーシャル・ペーパー[9]）を買い取ることにまで踏み込んでいる。

　確かに、1990年代後半から突き進んできた超金融緩和政策の下にあっても、日本の景気は力強く回復することはなかった。また、物価も低迷し、デフレ状態が必ずしも解消したとはいえない。それでは、量的緩和政策という異例のベース・マネー供給の見返りは何か。それは日本銀行の資産内容の変化である。

　その資産内容は健全なのだろうか。価格の下落している株式を金融機関救済の名目の下に購入するとすれば、不良資産をあえて購入し、通貨を供給したことになる。CPの購入も同様で、無担保CPの発行先企業が倒産するという事態になればこれもまた、不良資産化する。大量に所有している国債も、深刻化している財政赤字の見返りとしての長期国債を買い切りオペで購入したことは、返済のあてのない債券をつかんでいるのと同じことではないか[10]。このように考えると日本銀行の資産内容は実は日に日に悪化しているのではないかという疑問が出てくる。

　＊日本銀行はこれに耐えられるのか。

第7章　金融政策とマネー・サプライ　145

＊私たちが日頃使っている日本銀行券の信用が失われるとはどのようなことなのか。
＊日本銀行の資産内容の悪化によって、なにが起こるのか。
＊日本銀行が国債を買い取ることの経済理論的な意味はどこになるのだろうか[11]

これらのことを研究課題として考えてみよう。

さてその一方で、史上まれにみる異例の通貨供給と、金融緩和を続けてきたにもかかわらず、物価は上昇していない。むしろ、長期のデフレが継続しているといっても過言ではないだろう。日本銀行がサブ・プライローン問題後の恐慌状態にあって、CP買い取りという手段に打って出たのも、そうした事態が背景にあるといえる（言い換えれば、異例の通貨供給を行っても物価の激しい高騰は招かないと予想しているのではないか）。それでは、

＊なぜ物価は上昇せず、マネー・サプライの伸びも低迷しているのか。

上記の課題とは全く反対の提起になるが、考えなければならない課題である。

［課題２：日本の超低金利政策はどんな副作用をもたらしたのだろう］

そもそも資本主義社会において金利がゼロになること自体が「異常な事態」といえる。なぜならば、お金を貸した方は、資本として資金を貸したのだから、その資本はより価値が増殖して還流してこなければならない。貸し付けられる資本の増殖分は、利子という形で還流してくる。だから、利子生み資本と呼ばれる。このように本来付くべき利子が付かない（ゼロになっている）状態、言い換えれば、資本として機能していない資金が貸し出されるという事態が人為的に造られたのが、量的緩和

政策であり、ゼロ金利政策であった。資本主経済では想定外の事態であろう。しかも、このような政策が1998年から1999年まで、そして、2001年から2006年まで、さらに2008年以降現在に至るまで長期にわたって継続された。そしてその過程で日本銀行の資産内容をも変化することになった。

　そこでまずは、

＊こうした政策がもたらした作用はどんなものであったのか
＊それは、国内的な面だけではなく、国際的な面にも広がっている。
　国際的影響とはどんなものだったのだろうか
＊さらに、2007年のサブ・プライム・ショックとその後の経済恐慌と、
　日本の超金融緩和政策はどのような関連があるのか

こうしたことも研究課題として、調べたり、考察したりしてみよう。
　さて、日本が90年代後半以降とり続けてきたこのような政策は、2008年～2009年の経済恐慌が進むなかで世界各国が採用し始めている。そこで、次のことが課題となる。

＊日本銀行がとった量的緩和政策のような政策は、サブ・プライム・
　ローン経済恐慌において適切な政策なのだろうか。
＊そうした政策には、世界各国にとって副作用はないのだろうか。

日本の経験への考察を基礎にして、思考を展開してみよう。

【註】

1　アメリカの場合、FF レートがこれにあたり、イングランド銀行は政策金利（オフィシャル・バンクレート）を操作している。ヨーロッパ中央銀行（ECB）も主要政策金利（主要リファイナンス金利、限界貸付ファシリティ金利、預金ファシリティ金利）を操作している。
2　公開市場とは、すでに前章で述べたとおり、銀行ばかりではなく、企業も参加して

第 7 章　金融政策とマネー・サプライ　147

資金の調達、運用を行っている市場である。

3　準備金（あるいは、本文中に示したような準備預金）は、我が国のような準備預金制度があるなしにかかわらず、市中銀行が預金の払い戻しや銀行間決済に備えて保持しておかなければならない。預金準備率を市中銀行に強制していない国の例も多くみられる。制度的に強制されない場合は、各銀行の経験値や経営政策によって決まってくる。

4　吉田暁「金融自由化と金融政策」熊野・龍編『現代の金融（下）　現代日本の金融』大月書店、1992年、35ページ。同「金融政策」山口・小野他著『現代の金融システム：理論と構造』東洋経済新報社、2001年、169－170ページ。

5　一ノ瀬篤「準備率操作」金融辞典編集委員会編『大月 金融辞典』大月書店、2002年、282ページ。

6　吉田暁「金融自由化と金融政策」『同上書』、32ページ。同「金融政策」『同上書』168ページ。

7　「信用乗数が安定している」をもって「ベース・マネー→マネー・サプライ」という経路の証明とする通説的理解や貨幣数量説的な理解の問題点は、第4章の補論を参照してほしい。

8　利回り曲線（yield curve）：債券利回りと満期との関係を表現した曲線。異なる満期をもつ金融商品の金利の相互関係を示すものである。通常は、長期の金融商品ほど利回りは高くなる（**順イールド**）。ところが将来の金利下落が予想されるような場合は、短期の債券から長期の債券へと乗り換えがおこるため長期国債の利回りが下落し、長短金融商品の利回りの逆転が起こることがある（**逆イールド**）。『大月　金融辞典』大月書店、2002年、18ページ。

9　CP（コマーシャル・ペーパー）：企業が資金調達を行うために発行される短期の約束手形。無担保の割引方式（金利分を額面から割り引いて販売する形）で発行される短期の約束手形であり、発行体は優良企業に限られる。また、金融機関、証券会社などが発行を引き受け、販売先は機関投資家に限定される。

10　旧日本銀行法では国債の直接引き受けが禁止され、現在の日銀法でも「財政法第5条ただし書の規定による国会の議決を経た金額の範囲内において行う応募又は引受け」という形で、歯止めをかけている。こうしたことが規定されている目的の一つは、債務である日本銀行券の信用維持があるといえよう。日銀の国債引受の歯止めが失われることによってインフレーションなどの副作用が出てくる可能性がある。すでに日本経済は歴史的経験でそれを学んできたはずだ。

11　この点については、例えば、山田喜志夫『現代貨幣論―信用創造・ドル体制・為替相場―』青木書店、1999年、第3章も参考にされたい。

【著者紹介】

松本　朗（まつもと　あきら）

1958年東京生まれ
國學院大學経済学部卒業、國學院大學大学院修了
愛媛大学法文学部講師、助教授
カリフォルニア大学リバーサイド校客員研究員
愛媛大学法文学部教授をへて
現在　立命館大学経済学部　特任教授　　博士（経済学）

専門：社会経済学、貨幣信用論

主著：『円高円安とバブル経済の研究』駿河台出版社、2001年
共著：上川、新岡編『通貨危機の政治経済学』日本経済評論社、2000年
　　　秋山、吉田編『ドル体制とグローバリゼーション』駿河台出版社、2008年
共訳：ウィリアム・ブレーク著、酒井一夫監訳『外国為替相場変動論』駿河台出版社、
　　　1992年
　　　ギャリー・ディムスキー、井村・松本監訳『銀行合併の波』日本経済評論社、
　　　2004年

改訂二版
入門 **金融経済**
―通貨と金融の基礎理論と制度―

定価（本体1600円＋税）

2009年 4 月24日　初　　版発行
2013年 4 月10日　改 訂 版発行
2025年 3 月 1 日　改訂二版発行

著　　者　　松本　朗
発 行 者　　井田洋二
製 版 所　　㈱フォレスト

発行所　〒101-0062　東京都千代田区神田駿河台 3 の 7　　株式会社　駿河台出版社
　　　　電話　03(3291)1676代　　FAX 03(3291)1675

製版／印刷／製本　フォレスト

http://www.e-surugadai.com